鸣谢：中国人民解放军西安政治学院

另一种较量：
战争中的间谍与反间谍

本书编写组 魏青青 董方 程挥 陈秋窝 ◎ 编著

世界图书出版公司
广州·上海·西安·北京

图书在版编目（CIP）数据

另一种较量：战争中的间谍与反间谍/《军事小天才丛书》编委会编. —广州：广东世界图书出版公司，2009.9（2021.5重印）

（军事小天才丛书）

ISBN 978-7-5100-0708-8

Ⅰ.另… Ⅱ.军… Ⅲ.间谍—情报活动—世界—青少年读物 Ⅳ.D526-49

中国版本图书馆 CIP 数据核字（2009）第 146749 号

书　　名	另一种较量：战争中的间谍与反间谍
	LINGYIZHONG JIAOLIANG ZHANZHENGZHONG DE JIANDIE YU FANJIANDIE
编　　者	《军事小天才丛书》编委会
责任编辑	刘国栋
装帧设计	三棵树设计工作组
责任技编	刘上锦　余坤泽
出版发行	世界图书出版有限公司　世界图书出版广东有限公司
地　　址	广州市海珠区新港西路大江冲 25 号
邮　　编	510300
电　　话	020-84451969　84453623
网　　址	http://www.gdst.com.cn
邮　　箱	wpc_gdst@163.com
经　　销	新华书店
印　　刷	三河市人民印务有限公司
开　　本	787mm×1092mm　1/16
印　　张	13
字　　数	160 千字
版　　次	2009 年 9 月第 1 版　2021 年 5 月第 6 次印刷
国际书号	ISBN　978-7-5100-0708-8
定　　价	38.80 元

版权所有　翻印必究

（如有印装错误，请与出版社联系）

光辉书房新知文库
"军事小天才"丛书(第一辑)编委会

主　任：

　　齐三平　中国人民解放军西安政治学院院长　教授　少将

副主任：

　　张本正　中国人民解放军西安政治学院副院长　教授　大校
　　焦会德　中国人民解放军西安政治学院副政委　大校
　　侯敬智　中国人民解放军西安政治学院政工系教授　博士生导师
　　王利群　中国人民解放军装甲兵工程学院教授

委　员：

　　乔　军　吴跃华　陶传铭　王军旗
　　张理海　杨邦荣　程达刚　陈　耿
　　杨东录　武军仓　高建辉　张新军
　　蒋一斌　范明强　周益峰　何　炜
　　刘亚春

执行编委：

　　陈文龙　于　始

"光辉书房新知文库"

总策划/总主编：石　恢

副总主编：王利群　方　圆

本书作者

魏青青　中国人民解放军西安政治学院训练部副部长　大校

董　方　中国人民解放军西安政治学院博士

程　挥　现役军官,工学与军事学双学士

陈秋富　中国人民解放军西安政治学院管理工作者　上校

致热爱军事的青少年朋友们

经过解放军西安政治学院和编委会同志的努力,"军事小天才"系列丛书如期与大家见面了。希望广大的青少年朋友们能通过这套丛书,了解更多的军事知识,树立牢固的国防观念,努力学习,积极进取,为祖国的和谐与发展贡献出自己的力量!

大家都读过梁启超先生那篇激情澎湃的华章:"少年智则国智,少年富则国富,少年强则国强……少年雄于地球则国雄于地球。"少年是未来,少年是希望。我们编这套丛书,正是要给所有热爱军事的青少年加油鼓劲,给大家插上遨游军事知识海洋的翅膀,为祖国培养造就更多的"军事小天才"。

为什么要研究战争?战争作为人类最古老的行为方式之一,尽管给人类自身带来无数浩劫,却依然像个危险的宠物一样被人类忐忑不安地豢养着。进入新千年以来,特别是"9·11"以后,世界上相继爆发了阿富汗战争、伊拉克战争等几场影响深远的战争,弥漫的硝烟和隆隆的炮火声一次次告诫我们:永久的和平离我们还很远。我国虽然经过改革开放30年的发展,综合国力得到显著提升,政治、经济、军事实力都大大增强,但周边的局势依然不容乐观,战争的阴霾就窥伺在我们的周围,中国在前进和发展的路途上还会面临许多挑战与危机。国家虽安,忘战必危!作为中国的青少年,大家更应该从小懂得"止戈为武"的道理,了解战争,学习国防知识,只有这样,才会更加珍惜今天的美好生活,才会在将来成为世界和平的坚强卫士。

青少年为什么要了解战争?我想原因有三:一是端正青少年世界观、

价值观的需要，二是提升青少年综合素质的需要，三是造就军事人才的需要。对于第一条，刚才已经谈及，只有懂得战争才不会迷信战争，只有看清战争之丑恶才会理解和平之美好。从小对青少年进行包括战争知识在内的国防教育，就可以从根本上遏制反动战争思想对青少年的毒害。对于第二条，《中华人民共和国国防教育法》指出："学校的国防教育是全民国防教育的基础，是实施素质教育的重要内容。"义务教育阶段的青少年学生正处在学习科学文化知识和发展智力水平的关键阶段，国防观念的深入与否和国防素质的高低，将直接影响和决定着祖国未来的安全。因此，在青少年学生中开展系统的国防教育，加强国防知识的普及，是提升青少年综合素质的必然要求。对于第三条，大家翻开历史就会发现，那些叱咤风云的著名将领，很多都是少年英雄；那些名垂青史的军事奇才，大多从小就热爱兵书战策。有志不在年高，中国明天的将军就诞生于今天的青少年中。培养军事人才，一样要从娃娃抓起。

有鉴于此，我们为广大的青少年朋友们编写了这套丛书，作为"军事小天才"系列的第一辑，共有10个分册。丛书内容从人物到战役，从谋略到武器，既有史实，又有分析；既有对过去军事事件的总结，又有对未来军事前景的展望；同时在材料的选取上也兼顾了国内国外两个方面，为广大的青少年朋友们学习军事知识、树立国防观念打开了一扇窗户。

自古英雄出少年。最后，衷心祝愿广大青少年朋友们在学习求知的道路上收获智慧、蓄积力量，在迈向人生目标的征程中克服困难，赢得胜利！

齐三平

解放军西安政治学院院长　少将

目　录

引　言 …………………………………………………………… 1
第一章　隐秘的间谍世界 ………………………………………… 3
　　第一节　间谍的定义与起源 ………………………………… 3
　　第二节　间谍的主要任务 …………………………………… 6
　　第三节　间谍的生存环境 …………………………………… 11
　　第四节　间谍世界的词汇 …………………………………… 13
第二章　著名间谍机构要览 ……………………………………… 18
　　第一节　美国的间谍机构 …………………………………… 18
　　第二节　俄罗斯的间谍机构 ………………………………… 24
　　第三节　英国的间谍机构 …………………………………… 29
　　第四节　以色列的间谍机构 ………………………………… 33
　　第五节　日本的间谍机构 …………………………………… 36
　　第六节　我国台湾的间谍机构 ……………………………… 40
第三章　形色各异的间谍传奇 …………………………………… 44
　　第一节　"情报英雄"居功至伟 …………………………… 44
　　第二节　"冷面杀手"生死一线 …………………………… 53
　　第三节　"情色特工"瞄准人性 …………………………… 58
　　第四节　"红色间谍"不畏牺牲 …………………………… 68
第四章　经典的间谍战例 ………………………………………… 73
　　第一节　淞沪会战背后的日本间谍 ………………………… 73

第二节 "恩尼格玛"密码破译记 …………………… 78
第三节 偷袭珍珠港事件中的间谍故事 ……………… 85
第四节 美军击落山本五十六座机的玄机 …………… 90
第五节 希特勒与斯大林在德黑兰的秘密战 ………… 97
第六节 国共间谍战与反间谍战 …………………… 101
第七节 我国古代的用间战例 ……………………… 108

第五章 常见的间谍武器装备 …………………………… 113
第一节 伪装巧妙的间谍配枪 ……………………… 113
第二节 复杂神秘的密码机 ………………………… 117
第三节 间谍"顺风耳"——窃听装置 ……………… 123
第四节 间谍的"千里眼"——照相机与远视仪 …… 139
第五节 间谍的情报驿站——死信箱和流动暗盒 ……
 …………………………………………………… 148
第六节 间谍的化学暗杀武器 ……………………… 159
第七节 间谍飞机 …………………………………… 163
延伸阅读 微型间谍飞机 ………………………… 169
第八节 超级间谍——间谍卫星 …………………… 172

第六章 间谍较量的新战场 ……………………………… 182
第一节 间谍技术的网络延伸 ……………………… 182
第二节 无形的软杀伤——病毒攻击 ……………… 188
第三节 电子侦察技术的新发展 …………………… 191
第四节 间谍技术的新平台——手机 ……………… 194
第五节 窃听领域的新突破 ………………………… 197

引 言

战争,并非都是旌旗猎猎、硝烟弥漫、刀光剑影、枪炮轰鸣的大规模流血厮杀。情报战场,一场特殊而持久的较量,一直在暗中激烈进行。随着战争形态的进化,情报战更是空前激烈。

情报,历来被兵家所重视。情报与战争几乎有着同样悠久的发展史。我国大军事家孙武很早就对情报战作了精辟的理论概括与总结。《孙子兵法》"用间篇"中指出,情报的取得,既不能靠祈求神鬼,也不能靠占卜算卦,而只有靠人去进行实地的侦察。孙武率先提出了情报"必取于人"的思想,他同时认为间谍战概括起来大致有五种,即:乡间、内间、反间、死间和生间等,这方面理论对后来的中外战争实践均产生了深远影响。

情报战的第一个高速发展期是第一次世界大战,进入成熟期则是在第二次世界大战。两次大战虽然只间隔二十几年,期间科技水平却产生了巨大飞跃。特别是随着信息干扰、密码分析等先

进技术被广泛应用于情报领域,使之在战争中的地位与作用愈发凸显出来。

此书主要从间谍的历史发展、各国间谍机构、间谍武器技术的介绍几个方面给大家展现一个看不见的战场、一场没有硝烟的战争、一个科技和智慧的比拼——间谍与反间谍之间的秘密的较量。

第一章 隐秘的间谍世界

对于大多数人来说,间谍世界是神秘的,甚至是令人向往的,用现在流行的词汇来表述,那就是"酷"。多少年来,间谍们的形象,往往被各种艺术作品所夸张所演绎,游走于现实与传奇之间,引无数热血青年如醉如痴。那么,间谍的世界,果真如我们想象的一样跌宕起伏、神秘莫测吗?

第一节 间谍的定义与起源

如果你生于20世纪70年代,间谍的形象,大概存在于《瓦尔特保卫萨拉热窝》和《猎狐行动》中;如果你出生于80~90年代,间谍之于你,或许就是《007》中无所不能的詹姆斯·邦德以及《碟中

另一种较量——战争中的间谍与反谍

谍》里翻江倒海的伊森；如果你爱玩游戏，就应该记得《红色警戒》里那个打扮得像"兰博"一样的士兵，总是趁敌不备偷走他们的金钱，破坏他们的电厂，暗杀他们的重要人物……他们有时西装革履，谈笑风生，嘴叼雪茄，身旁佳丽如云，出则名牌跑车，入则高档酒店；有时候身披伪装，俯卧在野外，

影片《碟中谍》中的间谍形象

用墨绿色的狙击步枪射杀某个重要人物；有时满身遍布弹袋，手握两人抬起都吃力的重机枪扫射蜂拥而来的敌军……英国路透社的一则报道说："没有超级英雄。超级英雄只是出现在文人墨客的笔下和荧幕上的假想形象。"所以，暂时忘掉这些大英雄们吧，真实的间谍世界更为复杂和残酷。

间谍，英文为"Spy"，法文为"Espion"（男间谍）、"Espionne"（女间谍），我国古代称之为"细作"。古往今来，各种文化中关于间谍的解释数不胜数，但是万变不离其宗。间谍始终是利用身份或者形象掩饰，深入敌对方进行情报获取或进行破坏活动，有时服务于国家，有时服务于某个组织，根据目的的不同而分为军事间谍或是工业（商业）间谍。当然，本书为读者展开的，是一幅幅战争中间谍们出生

詹姆斯·邦德的间谍形象

入死的绚丽画面。1990年的布莱克法律词典(Black's Law Dictionary)将动词"间谍"下了一个定义,意为:"……收集、传送或泄漏关于国防的情报"。间谍代表军队、警察或情报机构里面其中一员。他们专门去收集、融合和分析取回来的情报,以方便给政府提供对策。大体来说,情报人员往往会潜入对方的国家,然后收集和运送情报,这么看来,如果我们剥离电影艺术的夸张,《007》系列电影中的詹姆斯·邦德,其实是非常典型的间谍,他服务于国家,在和平时期和战时,都致力于刺探和收集敌对国家的情报,有时甚至直接参与绑架和暗杀行动。当然,电影和小说中的间谍活动通常是一些紧张刺激的场面描述,而实践中的谍报工作却要谨慎、专业和敏感得多。

翻开历史画卷,有关间谍的事件如浪花一样在历史长河中沉浮,其中有些被神化与讹传,随着岁月流逝,成为一个又一个的传奇。

早在我国春秋战国时期,国与国之间就出现了间谍活动,孙武在他的传世经典《孙子兵法》中,将间谍分成"乡间"(敌人的同乡)、"内间"(敌国的官吏)、"反间"(收买敌人的间谍)、"死间"(向敌人散布谣言,事败后,间谍必死)、"生间"(能活着回来的间谍)五种。印度孔雀王朝的君主们,对间谍活动的运用非常熟稔,这在他们的传世经典《政事论》中早有记载。在日本幕府时期,封

建领主们通常使用忍者这种特殊的间谍形式来收集敌军的情报。古代希伯来人和古埃及人也有专门研究和使用间谍的策略和范例。

近代以来,间谍更是扮演着一个重要的角色,例如在英格兰女王伊丽莎白的统治时期,间谍便成为政治生活的一个重要组成部分。第二次世界大战期间,间谍广泛活动于各个国家和战场,为各国实现战略意图提供了有力的支持,如在日军偷袭美珍珠港中立下大功的间谍吉川猛夫、假借美国记者身份打入德国的辛西娅等。

现在,尽管大多数国家和地区处于和平状态,但是间谍仍在发挥他们的作用,在这个看不见的战场里,每分钟都上演着各种斗智斗勇的故事,也许在你的不远处,就站着一位"詹姆斯·邦德"呢!

第二节 间谍的主要任务

第一节中我们已经讲过,真实世界中的间谍与电影与小说中的是不同的,那么区别在哪里呢?首先是间谍的任务。一般情况下,间谍的主要任务就是采取非法或合法手段、通过秘密或公开途径窃取情报,也进行颠覆、暗杀、绑架、爆炸、心战、破坏等隐蔽行

为。间谍们在从事这些工作时，通常都用各种不同的身份掩饰自己，很难出现电影中那种孤身深入敌军，甚至一人独战上千人的场面。现实中，间谍工作惊心动魄的程度有时候超过了作家们的想象。曾效力于克格勃的弗拉基米尔·卡尔波夫在《俄罗斯情报精英》一书中写道："真正的间谍工作往往要比任何发明创造更有趣。"我党早期的革命家李克农同志，长期在白区做"统战"工作，其实也就是我们所讲的间谍，主要从事广泛收集国民党军队的各种情报和部署；对白区人员进行政策宣传，对中间人士进行心理攻势以赢取同情和支持；采取各种手段进行战略欺骗，干扰敌军的战略部署为我军行动赢得时间和空间。多少次命悬一线，多少次挽救党和人民的事业于瞬息！毛泽东同志多次对李克农的"统战"工作做出了高度评价，认为他的作用堪比上万人的军队，为党的革命战争做出了卓越的贡献。

美海军 E2C 预警机

当然，间谍人员并不像大海里的小舟一样随波逐流地漂浮在敌方阵营，他们是有自己的"母舰"的，也就是各个国家的谍报部门。这些部门如航空母舰一样为间谍人员提供战略目标，提供经济、技术、装备支持，关键时要对间谍进行保护。谍报部门中的间谍们也有不同分工，通常，有一个情报搜集部门——负责搜集敏感情报，和一个反间谍部门——负责对付敌方间谍。情报官员和情报员之间存在很大的差别，大部分官员是该部门的职业特工，而情报员的身份却因国家和个人，以及战时和平时的不同情况而异。特工干部负责招募和指挥情报员，他们也会设法鼓励敌方的特工投诚。情报员接受情报任务或从事其他秘密活动，但他们常常不是情报机关的正式雇员。

我们不妨再次以航空母舰来比拟不同的间谍工作。航空母舰的舰载机中，预警机担负信息获取、传递等工作，堪称舰载机的大脑和眼睛。间谍首当其冲的便是基于信息获取和传递的工作，这是古往今来间谍实现自身价值的最基本平台。因此，最为世人所熟悉的也是此类间谍。间谍在执行此类任务时，百般隐藏自己的真实身份，混入敌对方的内部，长期"钉"在其核心部位不发生作用，一旦摸清敌方的重大战略意图，便立即被激活，将相关信息迅速传递给己方，从而先于敌方"出牌"。比如中国解放战争中，国民党胡宗南部针对我陕北中央机关所在地制定了详细的进攻战略，

但是我党早就在胡身边安插了"钉子",国民党军队的作战计划到达蒋介石案头的同时,也出现在了我军指挥员的手上,使得胡宗南大军只得到了一座延安空城,影响了整个解放战争乃至中国革命战争进程。

如果说预警机是航母的大脑和眼睛,那么得到对方动向后,舰载机们就要转而攻击对方了,首先可能需要电子干扰机对敌方进

诺曼底登陆战场

行"干扰"和"欺骗"。对照间谍们的任务,欺骗和干扰同样是重要组成部分,间谍在这种任务模式中,通过在敌方,或者双方交战的战场前沿散布大量的虚假信息,来掩盖己方的真实战略意图,从而扰乱敌方的战略决策。比如第二次世界大战中,盟军为实现在欧洲开辟第二战场的"霸王"计划,选择了法国诺曼底为登陆点。同时,为了减少登录部队损失,盟军间谍们迅速开始在法国各地散布盟军要在法国西海岸包括"加莱"等地在内的广大区域内登陆的虚

假信息,使得德军总部难以判断盟军的真实意图,从而成就了艾森豪威尔的诺曼底奇迹。

当然,间谍中也有直接参与攻击重要目标和重要人物活动的,这类间谍攻击性比较强,类似于航空母舰上的攻击机和战斗机。参与直接攻击任务的间谍,通常利用伪装接近目标,如雷达、电厂等重要设施,或是直接对敌方指挥人员和重要参谋人员实施暗杀行动。

史泰龙在电影中的特工形象

航母上的舰载机能够在天空中大展宏图,后勤保障不可或缺。间谍机构中,广大参谋人员、技术人员、服务人员也是间谍工作的重要组成部分。关于这一点,相信读者们都比较熟悉,007系列电影中的詹姆斯·邦德在执行任务之前,总要在其总部(英军情五处)获取任务目标、地方资料、经济和技术支持。

根据工作性质的不同,间谍中还存在军事间谍和工业间谍(或称商业间谍)之分。由于本书主要关注战争中的间谍,因此不再详述。

第三节　间谍的生存环境

间谍们的生存环境非常的严苛，往往都过着隐姓埋名的生活，不得与家人朋友联系，也缺少机会享受正常人的爱情与天伦。当然，如果能胜利完成任务，为国家、民族做出了重要的贡献，也就实现了间谍的自我价值。

对于间谍来说，最可怕的莫过于暴露身份，那时他们面临的可能是监禁，甚至是死刑。间谍中有极少部分拥有"豁免权"，因而得到较为宽大的处理。历史上，再精于隐藏和伪装的间谍，往往也难逃反间谍的大网，或者被自己人出卖。美国中央情报局的间谍中，曾经出现过 只大"鼹鼠"，这个中情局的叛徒，至少出卖了10名潜伏在苏联的中情局间谍，其中大多数被处死。

克格勃徽章

当敌对双方在抓到对方的间谍后，通常会对他进行审讯，大部分时候都会进行惨无人道的拷打，这种情况下国际法和国际人道主义都起不了作用。严刑

逼供导致很多间谍在被俘后选择自杀，以免让敌人得到更多的情报，从而危及自己的任务以及同伴。第二次世界大战时期，英国间谍机构之一的特别行动处所属人员都配发一种"L"药片，服食之后即刻死亡。美国的U2飞行员弗朗西斯·加里·鲍温斯也曾携带了一种自杀毒针。

美空军U2高空侦察机

当然，各国对被捕的间谍处理方式是不一样的。比如前苏联等国家通常会将反谍机构所认可的对方间谍即刻处以极刑。阿拉伯国家抓获以色列间谍后，也只有一种处理

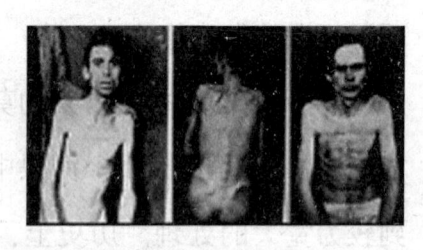

被英国拷打的苏联间谍照

办法，就是处死，这令以色列间谍们把阿拉伯国家称之为"死亡之地"。若是美国和西欧国家，特别是第二次世界大战以后，对待被俘获的间谍一般只会判处一定年限的监禁，而且往往不用服完刑期。

说到间谍被捕，就不能不提间谍交换。通常，敌对双方出于政治利益交换的需要，或是对间谍价值的高度认可，会通过外交渠道提请双方交换所捕间谍，从而使间谍们保有生命或者逃脱酷刑。

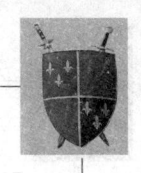

这种交换有时是以人易人,有时是以物易人,也会出现以某种政治经济利益为条件的交换。冷战时期,德国西柏林和波茨坦之间曾经出现一座著名的间谍交换桥,名为格立尼克桥。东西敌对双方通常会在此交换所捕获的间谍,柏林人把这里称为"卑鄙"桥,可见间谍交换对于当地人来说,不是什么光彩的事。

第四节 间谍世界的词汇

间谍工作经过千年的发展和完善,形成了一套自己的话语体系,下面我们将其中一部分进行解读。

密写:中央电视台近期热播的电视连续剧《潜伏》中,经常出现利用密写的方法进行情报传递的镜头。这是间谍们最为熟稔的传递手段之一,通过运用特定的有机化合物

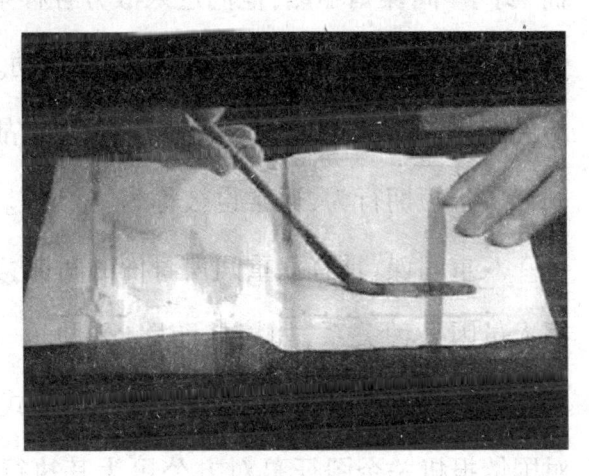

电视剧《潜伏》中的"密写"镜头

或无机化合物对纸张的潜隐性能,将信息隐藏起来,肉眼难以观测。当信息传递到另一处,则运用一定的光、热、蒸气和化学的作用,将隐藏的字体显示出来。密写的种类主要有:压痕密写、复写密写、溶液密写、干写以及潜影密写等。

内线:这里的内线与军事战略学中的内线、外线是完全不同的词汇。间谍世界中的内线,主要是指被安插到敌对国家或者组织(有时盟友之间,普通关系国之间也存在安插的间谍)中的间谍,这种间谍通常利用某种身份掩护,进入对方核心组织,有的甚至地位显赫。

钉子:看起来,"钉子"间谍与被称为内线的间谍异曲同工,其实细节方面大相径庭。内线们通常并不被激活,以免因小失大。而"钉子"间谍则不然,他们进入敌方各种系统后,便如孙悟空进了铁扇公主的肚子,四处进行破坏、颠覆活动。如果说"内线"是战略级的间谍,那么"钉子"间谍们可谓是战役战术层次的间谍了,这种间谍属于短期行为,通常也被称为"渗透"。

双重间谍:具有双重间谍身份的间谍,其中主要是一国间谍情报人员因某种关系,如接受贿赂、受胁迫、思想信念动摇,或投降等,为另一国反间谍机关服务;另一种形式的双重间谍,通常是敌对国情报机关企图征募对方公民为其执行任务,而此公民把上述情况向本国反间谍部门打了"小报告"。这时本国反间谍部门就会

将计就计，对这类人员加以伪装。双重间谍既是一种间谍活动，也是一种较为典型的反间谍手段。

暗杀者：间谍中也有专门从事直接暗杀和破坏的类别。他们不负责情报刺探和信息传递，而是通过直接参与暗杀地方领袖和专家级人物来达到目的。历史上，美国中央情报局曾数次试图暗杀古巴革命领导人卡斯特罗，但最终失败。暗杀远远不止瞄准和开枪这么简单，需要各方力量通力合作，做大量前期准备工作，包括时间、地点、人物习惯，甚至是气候条件。

反映破坏活动的电影《伯纳德行动》剧照

破坏者：破坏者的原意是指对现状不满的工人破坏机器的行为。破坏者在任务的目的和形式上与暗杀者有着异曲同工之妙，都是意图通过对对方目标的硬杀伤来直接获取政治、军事利益。这种破坏活动通常包括地方的重要设备、指挥中枢、资源储备、政

治金融体系等。比如二战期间德国人将大量假英镑投入国际市场,试图破坏英国经济,但是这个阴谋最终并未得逞。

鼹鼠:鼹鼠一般被认为是渗透在间谍情报机构或其他要害部门,窃取内部核心机密的间谍。与"内线"和"钉子"不同的是,他们通常是被策反者,即所谓的"叛变者"。他们掌握了大量己方间谍机构或者是指挥中枢的秘密,通过出卖己方人员和组织来获取利益。美国中情局历史上也曾发生过重大的"鼹鼠"事件。中情局官员阿尔德里奇·埃姆斯为克格勃工作以获得酬金,从1985年至1994年他被捕为止,他向苏联人出售了大量秘密情报,他的被捕曾经轰动一时。

策反:是种反间谍行为,指通过思想和经济活动,策动敌对间谍反正的行动,促使敌方情报人员背叛。它是清除间谍活动的一种有效手段,也是反间谍工作中最成功的突破之一。包括"双重间谍"、"鼹鼠"在内的各种间谍角色,就是通过策反来实现的。在各种间谍事件中,被捕获的间谍为了生命和自由,可能会选择投敌,变身为双重间谍或者鼹鼠。第二次世界大战中,交战双方都进行了大量有效的策反工作,结果造就了大量双重间谍的出现。

英德双重间谍罗斯鲍德

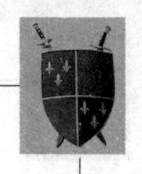

代理人：间谍代理人可以被理解为间谍编队的前线指挥员。间谍们在敌对方国内活动时，需要一个坚强有力的指挥者，这些代理人们指使、委托、资助间谍们对敌对方进行情报刺探和各种破坏活动。通常情况下，间谍代理人会掌握间谍机构的各种资源，自主地进行最优调配。中国古语讲"将在外，君命有所不受"，代理人在地方阵营的包围下，常拥有很高的自主权。

交通者：间谍体系中有耀眼的大明星，也有大量默默工作的小人物。这些小人物中不可忘却的就是交通者们。他们是间谍之间传递信息的纽带，起到接头人的作用，保证整个间谍系统有条不紊地运转。其实比起间谍们来说，交通者的危险性和艰巨性一点也不差，他们随时有被捕的危险，却难以享有间谍交换的待遇，通常无声无息地被监禁，或者被枪决。

第二章　著名间谍机构要览

世界上多数国家都拥有自己的间谍机构,但真正活动广泛、屡创奇迹的间谍机构为数不多。美国、俄罗斯、英国是传统的间谍强国,以色列的摩萨德则是上个世纪后半叶崛起的新秀。这些机构是如何运作的,让我们一起去当今各著名的间谍机构中探个究竟。

第一节　美国的间谍机构

美国现代间谍机构以20世纪40年代组建中央情报局为里程碑,迄今虽不足半个世纪,发展却十分迅速。目前,以中央情报局为核心的国家级的情报共同体就有十多个大的系统,下辖无数个情报机关,构成了许多互相重叠的链索和密密麻麻的网络。目前

美国情报机关的人员编制是 16 万人,实际上远不止此。有人统计,现在美国直接或间接从事情报工作的人数,平均每100个美国人中就有1个,每年的经费高达 280 亿美元,几乎相当于法国整个国防预算的总和!美国的间谍机构大致可分为3个层次。最上层是决策、监督层,由总统、国家安全委员会、参众两院情报委员会组成。中间层是管理、协调层,包括中央情报主任及其下属的各情报委员会。再下面是执行层,由中央情报局与各基层情报单位组成,结构极其完整,下面列举几个比较具有代表性的间谍机构。

中央情报局(Central Intelligence Agency,**中文简称中情局,英文简称 CIA**)

大名鼎鼎的中央情报局是美国的主要情报机关,1947 年依据美国《国家安全法》于 9 月 18 日成立,受国家安全委员会直接领导,也是全国各情报机关的协调中心。经过几十年的扩充和完善,它已成为世界上名声显赫的情报机关。现中央情报局的总部设在华盛顿特区与弗吉尼亚州交界处的波托马克河边的兰利。总部里设有庞大而复杂的组织机构,主要由局长办公室和行动、管理服务、通报、科学技术、计划与协调五个业务部门组成,分别管理有关业务。

中央情报局的任务涉及领域很广泛,总结起来主要有:从事国外情报、反间谍活动,协调整个间谍系统;专门完成总统签发的

美国中央情报局总部

特殊任务;通过信息收集和情报刺探,向国家领导中枢提出咨询意见;搜集、编写和分发国外情报、反间谍情报和毒品走私及恐怖活动等情报;协调政府各部门的有关国家安全情报活动,并向国家安全委员会提出建议。就行动的方式来看,美国中央情报局比起联邦调查局来说,更具有隐蔽性和攻击性,工作地点和各种活动几乎完全隐蔽,谢绝外人的参观和访问。其工作主要采取人力侦察和技术监视,情报来源包括间谍、使馆职员、叛逃者、移民和旅游者。相当多的国家认为中央情报局的确直接进行了破坏和暗杀活动,比如古巴领导人卡斯特罗的多次暗杀未遂,都应该是中央情报局导演的。

国家安全局(National Security Agency,缩写 NSA,中文简称美

国国安局或者国安局)

美国国家安全局,又称为国家保密局,其前身是美军内部的情报部门,1952年根据当时的总统杜鲁门的指令而独立,形成今天的情报中枢。相比中央情报局和联邦调查局,国家安全局的保密性又进一步。

国家安全局的主要任务是:通过一流的间谍设备,监听和截取世界各国的通讯,侦测其军事动向和战略;通过专业的收集、侦听、破解设备和人员,破译各国密码系统,为军事部门提供技术支持;开展信息资料收集工作,开展反间谍活动;同时也负责为国家中枢部门研制密码及其相关配套设备。

美国国家安全局总部

国家安全局的总部大楼里布满了迄今为止世界上最先进的高性能的电子装置,包括世界上处理速度最快的计算机设备,这些计算机通过急速扫描和筛选,破译密码,监听和破译通信内容。国家安全局具有无比强大的监听能力,它拥有密码破译人员、语言学者、电子技术人员等6.8万多人。这些人员和设备,能同时监听多达上百万台的固定和移动电话。世界上诸多国家元首甚至是普通人的通话都在他们监

听的范围内。国家安全局在美国本土及世界各地均设有监听站和窃听哨所,数量多达4000个以上。它们部分设立在美国海外军事基地内,或者游弋在大洋深处的舰艇、潜艇或者战备巡航中的战机上。此外,巡游在外太空的数十颗间谍卫星,也在同时为他们服务。比如它设在英国约克郡哈罗德附近的一个监听站,占地达到300公顷,工作人员近千人,规模相当大。这些监听站的主要任务是侦察和监听俄罗斯、中国、日本、第三世界的无线电通讯、导弹和火箭发射以及核武器试验,必要时,还对常态的军事训练和指挥人员通话进行侦测和分析。

国家安全局徽章

联邦调查局(Federal Bureau of Investigation,缩写 FBI)

与大名鼎鼎的中情局一样,中国的观众们对于 FBI 的称谓也是耳熟能详。美国电影中角色大声喊叫的"不许动,FBI"就是这个机构的名称缩写。该局在美国间谍系统中可谓"老大哥"。它成立伊始被称为调查局,后在1935年改称为联邦调查局,是美国间谍系统中规模最庞大、人员最系统繁多、历史最悠久流长

联邦调查局徽章

的间谍与反间谍机构，同时还监管着刑事侦查，归美国司法部管辖。

联邦调查局的主要任务有：在国内通过各种途径对外国情报进行收集整理；通过对外国驻美使馆和机构进行渗透，窃取密码和刺探情报；在国内开展反间谍活动，以防敌对势力的间谍渗透；最后作为司法部下属部门，它也具有调查违反联邦法律的案件的职能。这里要提到的是，其间谍与反间谍的职能是直到第一次世界大战后才被赋予的。在特殊的情况下，征得中央情报局和司法部的同意后，也可参与国外间谍任务。

联邦调查局在美国的历史上有过光芒四射的一面，也有着不光彩的过去。它有时是法律和人权的捍卫者，有时却依仗特权肆意践踏它们。但是在大多数美国人的印象中，FBI 打击犯罪和间谍的行为是有效的。现在，联邦调查局的雇员已经超过了 11000 人，并且还在增长中。联邦调查局的总部设在华盛顿，其下设立了 10 个助理局长，每个局长专门负责一个职能部门，其中包括有训练、鉴定、技术服务、刑事调查等。在美国各个城市中，FBI 设立的机构和"地方分局"超过 400 余个，加上海外机构和各种辅助部门，联邦调查局的机构可谓庞大繁杂。

美国除了上述几个主要的间谍机关之外，还有诸如陆海空三军情报局、国防部情报局、国家侦察局、国家对外情报委员会、国务

院情报研究司等具有间谍和情报性质的机构存在。此外一些规模较小的情报机关也存在于美国政府各个部门中,如国防调查室,主要负责调查监视国防系统人员的背景、思想倾向和表现;国防勘测局,借助于卫星的帮助,几乎把地球表面的每一寸土地都绘入地图;原子能委员会情报处,专门搜集关于核物理、核武器、热核武器和作军事用途的原子能方面的机密情报,并在世界各地设立技术监听站,监听外国的核爆炸。

第二节 俄罗斯的间谍机构

冷战时期,前苏联的间谍机构可谓是星光闪闪,众多日后被曝光的大牌间谍均出自这个时期,而其前苏联间谍机构整个体系中的执牛耳者,恐怕非"克格勃"莫属了。于俄罗斯前任总统(现任总理)普京也出身于克格勃。

克格勃是俄文"苏联国家安全委员会"的缩写,由俄文音译而来。该机构是1954年3月13日至1991年11月6日期间苏联的情报机构。

克格勃创始人捷尔任斯基

前身为捷尔任斯基创立的"契卡"。克格勃曾经有过辉煌的历史，在冷战中发挥了很大作用。东欧剧变时，苏联驻民主德国（东德）的很多机构遭到当地新纳粹分子的冲击，克格勃驻德累斯顿的分部大楼也受到围攻。由于时局混乱，楼内的警卫已经全部撤离，形

坐落在卢比扬卡的克格勃总部大楼

势及其危险。这时，一个持手枪的克格勃工作人员站在疯狂的人群前，用标准的德语宣布："这里是苏联的领土，我将向侵犯者开枪"，从而稳定了局势，保护了克格勃分部大楼，这个年轻的克格勃就是后来成为俄罗斯总统（现任总理）的弗拉季米尔·普京。在苏联式微时，单枪匹马的克格勃尚且如此勇猛，我们可以想象见其全胜时期的威风。

现在，尽管克格勃已经分崩离析，但是它的传奇，它的影子将长久地存在于这个世界的记忆中。前苏联解体后，俄罗斯前总统

叶利钦在克格勃原机构的基础上，重建了俄罗斯的间谍机关，完善了整个体系。

对外情报局(CBP)

对外情报局的前身是隶属于克格勃第一管理局的"博格乌"，这个称谓对于大多数习惯于"克格勃"的读者来说是陌生的，加上该部门一向行事低调，也确实很少为人所知。但是它是克格勃背后的隐形巨人，有很多优秀的侦察人员都出自该局，例如世界闻名的传奇间谍阿尔贝上校、科恩夫妇等。博格乌与克格勃一个文一个武，共同构筑起完整的前苏联间谍体系。随着前苏联的迅速解体，克格勃与博格乌这两大苏联间谍的传奇机构相继解散。第一总局从克格勃中分离出来，成为对外情报局。局长普里马科夫宣称，俄联邦对外情报局的工作对象和范围主要在国外，它完全是非政治化、专业化的机构，只为社会安全服务，不为任何个人和政党服务。而俄罗斯前总统叶利钦一手造就了后来的对外情报局。1991年12月，正是他的一纸命令，使得这个机构得以迅速组建和武装起来，并为他们带去了第一任局长，也是原苏联中央情报局局长叶夫根尼·普里马科夫。俄联邦对外情报局受总统和政府直接领导，其任务与美国中央情报局有很多相似之处，负责国外的情报搜集工作。

叶夫根尼·普里马科夫

当俄罗斯进入普京时代后,对外情报局的职能任务又有了新的内容,那就是打击国际恐怖主义活动。普京认为,俄罗斯对外情报局有责任获取国际恐怖组织的资金流动渠道、恐怖活动实施计划及恐怖组织训练营的位置等信息和情报,这将为俄罗斯间谍机构和指挥中枢提供可靠的信息支持和决策意见。现在,对外情报局的任务也开始包括对俄罗斯本国工业及国防潜力的保护;快速准确地评估国际经济格局变动形势,分析其对本国经济影响,更积极地保护本国公司在海外的利益。最新一任的对外情报局局长人选为前总理弗拉德科夫,他接替上任的局长谢尔盖·列别杰夫,开始注重提升对外安全局的地位,利用他的权力资源和在海外及安全部门的丰富工作经验更好地为该局开展间谍工作。

联邦国家安全局(FSB)

1991年5月成立的俄罗斯克格勃短暂地存在6个月后,俄罗斯联邦总统叶利钦于11月发布命令,将克格勃改为俄罗斯国家安全局,直属总统领导,并向议会报告工作,伊万年科出任局长。该局的任务是负责反间谍工作,并同有组织犯罪、恐怖主义、贩毒、走私和贪污等行为作斗争。该局不负责国外情报工作,国外情报工作由俄罗斯对外情报局负责。1992年1月31日,又在它和跨共和国安全局的基础上成立了俄罗斯联邦(国家)安全部,由它的局长巴兰尼科夫任新成立的安全部长。国家安全部成立后,主要负责

俄罗斯联邦国家安全局总部

对付外国情报机关的情报破坏和阴谋活动，保卫国家和社会安全，从事反间谍工作，确保社会经济安全。另外在安全部内成立反恐怖局。国家通信部门重新接受安全部监督。俄联邦反间谍局直属总统领导，原安全部长戈卢斯科被任命为反间谍局局长。1994年1月改任斯捷帕申为局长。叶利钦的命令强调指出，从肃反委员会—国家政治保安总局—内务人民委员会—国家安全部—国家安全委员会（克格勃）到安全部体系，对俄罗斯的民主、宪制来说是多余的、无效的，是国家预算的沉重负担，已成为政治经济改革的障碍，取消安全机关是俄罗斯的政治改革措施之一，彻底埋葬了克格勃式的安全体系。联邦国家安全局主要任务是：搜集关于俄罗斯安全受到威胁的情报，并向总统报告；与恐怖主义、非法偷运武器和毒品以及非法成立或被取缔的侵犯国家宪法制度的社会团体犯

罪行为作斗争；调查、防止并杜绝外国特工和反间谍组织的间谍破坏活动；利用反间谍活动有效地保卫国界。

此外，俄罗斯间谍机构的体系中还包括有联邦政府联络和情报局、军队情报系统，俄罗斯民间还遗留着成千上万的前克格勃官员，以自己的情报专长下海经商，成为俄罗斯经济领域中十分引人注目的"景观"。他们创办的公司大多是人称之为"保安公司"的私人情报机构，经营安全保障、情报咨询、情报合作、反经济间谍等方面的业务，成为"间谍个体户"。

第三节 英国的间谍机构

英国间谍机构从16世纪创立伊始至今，已经历经了5个世纪的历史，其中的传奇故事成篇累牍，传奇人物数不胜数。但是，随着"日不落帝国"国力的衰弱，英国间谍机构的职能和作用在日益萎缩。英国政府为了维持大国地位，保有完整的间谍系统，采取了与美国间谍结构合作分工的办法，强调自己在影响力较大的殖民地及地区进行谍报工作，同时与美国中央情报局进行情报共享，依靠美国的间谍力量进行情报活动。需要指出的是，英国情报机构

虽然今非昔比，但是他们仍然拥有质量较高的间谍人员，尤其在密码破译方面，更是执间谍世界之牛耳。

陆军情报总局（MI）

这个机构是英国间谍系统中真正的"大哥大"，它下属12个部门，其中较为著名的有：

陆军情报五局

又称军情五局或者英国秘密保安局（代号为MI5）。军情五局成立于20世纪初，其总部目前设在泰晤士豪斯。此外，在伦敦的梅菲尔、圣詹姆斯、布卢姆斯伯里各区都设有军情五局的办事处和训练所。

陆军情报六局

又被称为军情六局或者英国秘密情报局（代号为MI6）。非保密称谓为"英国外交部常务次官办事处"或者是"政府电信局"。

陆军情报局总部大楼

情报六局徽章

情报六局自伊丽莎白时代创立以来,一直被认为是英国间谍机构的鼻祖,1909年英国情报机构改组,其称谓被正式沿用,代号MI6更是从此成为英国情报机构的代名词。陆军情报六局主要承担在国内外搜集政治、经济和军事情报,从事间谍情报和国外反间谍活动的职能。第二次世界大战期间,丘吉尔在任期间,军情六局集中精力进行无线电侦听工作,在大批密码破译专家的鼎力支持下,专门成立了破译小组,对德国密码系统进行了大量的破译工作,为盟军战略决策做出了不可磨灭的巨大贡献。

军事情报参谋部

该机构隶属于英国总参谋部,属于军事情报机关,缩写为MIS。该机构的主要职能为统一协调英国军队内部的谍报、技侦、派遣和情报整理,同时从事高级政治和军事间谍工作,该

英国国防部大楼

部的各个部门的首脑,多是武装部队里的高级军官。比起英国政府专门的间谍机构,英国军事间谍机构成立时间还要早一些,比如其陆军情报处成立于1871年,海军情报处成立于1896年,空军情

报处出现的较晚，为第一次世界大战后，这与兵种产生的时间有关。以上军种谍报机关分别负责各自军种范围内的谍报工作。其中，英国海军情报处著名的"40房间"主要从事密码破译工作，对二次大战期间德国密码破译工作贡献很大。20世纪中叶，为统一协调各军种情报工作，英国成立了联合情报局（缩写为JIB）。1964年，联合情报局在英国国防部落户，更名为国防部参谋部。

国防部情报局

该机构目前设立于英国伦敦牛津街一栋公寓内，由1000余名军职人员责成，其主要职能为：军事情报收集与分析，对外国核武器、机场和基地的指挥与控制机制、弹道导弹系统、防空、雷达、电信、民间防务、运输系统、供能与供水等防务系统方面进行监测和即时分析，为军方战略提供智力支持，同时他们也进行某些必要的直接间谍活动。

内阁情报委员会

也被称为联合情报组。隶属于英国政府的特别间谍机构，该部门在英国内阁办公厅内设5个委员会和1个情报保安协调室，组成情报委员会系统。内阁情报委员会直接对英国首相负责，他们甚至可以对内阁大臣们不加理睬，而直接对英国秘密保安局、情报局在内的间谍部门进行指挥

除以上介绍的以外，英国的间谍机构还有内阁安全委员会、工

业情报中心、伦敦国际战略研究所、伦敦警察厅特工处、专门从事海上间谍和反间谍活动的海军情报局、专门进行空中侦察和宇宙航天侦察的空军情报局等。

第四节　以色列的间谍机构

如果说美国间谍和英国间谍在好莱坞的大片里出尽了风头，那么现实世界中真正卓有建树、效率奇高的则非以色列间谍莫属了。这个被人们叫做"摩萨德"的情报机构，以精确暗杀和强大的情报搜集能力闻名世界。他们满世界追杀二战时期残害犹太人的战犯；他们手腕强硬地对付"慕尼黑惨案"的嫌疑人；他们不遗余力地对哈马斯等武装组织领导人进行"定点清除"。

摩萨德的全称是"以色列情报和特殊使命局"（The Institute for Intelligence and Special Operations），在犹太复国主义运动大发展和以色列立国的背景下，以收集情报为主要任务的摩萨德前身"沙亚"成立了，后随着其职能任务的拓展，最终形成了现在的谍报机构"摩萨德"。摩萨德的总部设立在以色列特拉维夫市南端海滨的一座小楼里，就是在这栋不起眼的小楼里，做出了针对阿拉伯世

军事小天才

另一种较量——战争中的间谍与反谍

卫星拍摄的摩萨德总部照片

界和纳粹余孽的一次次重大行动的决策，这栋小楼也因此名声鹊起，不再那么不起眼了。摩萨德成立以来，在历次中东战争中发挥了重大作用。

摩萨德自成立以来，成就了一个个间谍传奇。其中，20世纪中叶，正是摩萨德的谍报人员首先发现了前苏联领导人赫鲁晓夫准备反对前苏联领袖斯大林的秘密报告，并通过美国公布全球，令世人震惊。还是20世纪中叶，摩萨德通过数年的艰苦追踪，将第二次世界大战中屠杀犹太人的刽子手艾希曼从阿根廷的一个小地方抓捕归案。1966年，又是摩萨德，在伊拉克军警的眼皮下，

摩萨德徽章

偷走了伊拉克从前苏联引进的最先进战斗机米格－21。此外，摩萨德还直接参与攻击行动，他们在本溪乌干达机场解救人质的行动中，仅仅损失1人的情况下，成功解救了超过100名的人质。正是凭借着这些功绩，摩萨德和美国中央情报局、英国军情五局、前苏联的克格勃并列为世界谍报组织四强。

摩萨德的成功，引发了世界各国的关注，专家们经过分析，认为摩萨德在几个方面具有独特的优势，造就了他们今天的辉煌。第一是特别追求效率：由于以色列立国晚，国力十分有限，所以难以在和平时期同时维系整个军事和谍报系统。因此以色列的军事和间谍机构都以精简、高效为目标，而摩萨德更是千里挑一，在招募时就提出了最为苛刻的条件，使得缺乏信念和能力的普通人望而却步，而其独特的训练系统，更是将淘汰率提高到令美国人都咋舌的地步，使得经过筛选的摩萨德特工们虽然数量不多，却足以一夫当关；第二是充分运用高新技术：摩萨德利用高技术进行情报收集，其水平之高，全球难有与其比肩者。摩萨德的"飞箭"特工队，目标是所有外国

以色列成功发射间谍卫星

的机要部门。他们放言:世界上没有一个国家的使领馆"飞箭"不曾光顾过,白宫也不在话下。其实,早在1974年,以色列就首次对美国总统下手了,为了解美国向沙特出售预警飞机的情况,以色列甚至直接监听所有美国政要的电话;第三是人选上的优势:以色列犹太人来自80多个国家,使用100多种语言,这使摩萨德能够拥有任何地区的"当地"特工。摩萨德充分信任自己的特工,千方百计解除他们的后顾之忧。一旦有人被捕,以色列方面总是不惜代价进行营救。

实际上,以色列有多个情报组织。军队、警察、外交机构都有自己的情报系统,但最重要的当数摩萨德。虽然摩萨德的许多活动,都是借助与国防军突击队或西方大国情报机构的合作才成功的,但人们往往把功绩都算在摩萨德头上,这就更加大了它的神秘光环。今天,摩萨德的机构日益完善,技术日臻成熟,人员不断充实。

第五节　日本的间谍机构

第二次世界大战结束后,臭名昭著的日本间谍机构随之土崩

瓦解，一些曾经叱咤风云的日本间谍受到审判，如日本驻华间谍头子土肥原二。直到美国开始对日本进行扶植以达到亚太地区战略平衡的目的，日本的各种间谍机构开始恢复运作，其规模直逼了战前。现在，日本主要依靠内阁情报调查室、外务省调查部、警视厅、防卫厅和法务省的情报系统进行情报活动。

日本驻华间谍头子土肥原贤二

内阁情报调查室

该机构的重要性，在日本间谍系统中可谓首屈一指，也是日本间谍机关中最神秘的机构。它的主要职能是对国内外政治、军事、经济、文化等各方面信息进行海量收集和整理，并进行分析。日本防卫厅的情报系统、警察的情报系统以及外务省的情报系统，都要将获得的情报汇总到内阁调查室，它将各种情报综合以后，供日本内阁作为决策的依据。每周通过内阁官房长官向其首相报告，为战略决策提供支持。紧急时刻，或者遇有重大情报发生，内阁官房长官可以根据需要及时向首相报告，而无需繁文缛节，可谓战斗性极强。

公安调查厅

该机构隶属于日本法务省（相当于司法部），成立于1952年，前身是法务部特别审查局，是一个地地道道的间谍情报机构，该部

门的主要职能是：对内进行侦察、控制，监视进步人士和进步团体；对外负责搜集反谍情报、监视外侨，特别是中、朝侨民。它搜集情报的范围十分广泛，不仅搜集各国共产党的情报和国内各在野党的情报，也搜集自民党内部派系斗争的情报。它常常和各地的警察机关以及美国的联邦调查局密切配合进行活动，还对中、俄、朝等国秘密派遣特务。特别需要注意的是，该部门与美国、英国等国家的间谍机构都存在合作关系，通过信息共享不断延伸自己的职能和作用。自成立以来，公安调查厅不断有"大手笔"出现，比如曾经强行整肃日本共产党委员会、解散旅日朝鲜人联盟、勒令《赤旗报》停刊等行为。

日本军事系统中的间谍机构

日本防卫厅和自卫队中也有自己的间谍组织，这些组织的职能更加具体一些，比如防卫厅防卫局的主要任务为搜集、整理有关防卫、警备方面的情报、资料；指导陆上自卫队、海上自卫队、航空自卫队各间谍情报机构的工作；综合上报军事系统搜集的情报；派遣和掌握驻国外大使馆的防卫驻在官。与内阁调查室、外务省等机关联系。日本自卫队的间谍组织主要为自卫队资料队和自卫队调查队。自卫队资料队成立于1952年，任务由最初的对部队所在地及司令部进行警卫、调查逐步扩展。今天的自卫队资料队，负责对全日本的地形、交通、航行、通讯以至市容、气候、政治、经济、社

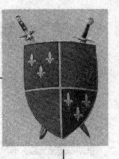

会和警察、消防、重要设施等情况作详尽的调查,并绘成包括上述内容的国内战斗作战简明地图。该队还负责对社会党、共产党、工会、反战团体和其他激进派组织所在地、领导人及其住址等情报的搜集。自卫队调查队主要负责反间谍侦查、反策反和防止泄密。它活动的范围遍及全日本。日本的陆、海、空三军司令部均设有调查队,约700人。其中以陆上自卫队调查队规模最大。调查队在团级部队中设有1~2名调查员,负责反间谍活动。调查队的具体任务是对自卫队的有关人员的社会关系和私生活做调查,查访有无泄密和间谍活动等情况。它的另一个工作是编制《警备地志》。

此外,日本军事体系中的间谍组织还包括有陆上幕僚监部第二部和二部别室。陆上幕僚监部第二部是日本最秘密的军事情报机关,素有"日本的美国国家安全局"之称,是日本陆、海、空三军联合技术侦察机构。它成立于1958年,总部设在东京市谷,全国有7个通讯所和2个分遣队,分布在日本各地,备有高性能的电子监听设备,昼夜不停地工作。主要任务是负责截收电讯、破译密码等电子情报,特别是侦听以中国、苏联(俄)、朝鲜为重点的各国无线电通讯,截获破译其密码,将所获得的情报通过内阁情报调查室上报国防会议和内阁总理大臣。二部别室共有工作人员1200人,每年经费10亿日元。它名义上属于自卫队陆上幕僚监部领导,实际上直接受内阁情报调查室指挥。

除了日本政府高级间谍机构和军事体系中的间谍组织,日本间谍组织体系还包括了诸如防卫厅情报委员会和情报本部、警察厅情报系统以及顾问公司和办事处。

第六节　我国台湾的间谍机构

间谍,有时候服务于国家,有时候也服务于地区和组织。我国的台湾地区,由于特殊的政治、历史原因,也具有一套完整的谍报体系,这套机构建立在1949年撤离到台的国民党"中统"和"军统"基础上。台湾间谍机构经过几十年的经营,时至今日,身在台湾的间谍组织体系怎么样了呢?

台湾间谍沃维汉

"国家"安全局

这是最高的情报指挥机关,成立于1954年10月,其下设机构主要包括有"内政部"调查局、"国防部"大陆工作处、"国防部"保密局等。台"国家"安全局的主要职能有:统一协调台湾间谍机构

对外对内谍报工作，审核和分析各谍报部门所获得的大量情报，为台湾战略决策提供信息支持；统一审定"国家"安全工作和政策与方案；进行台湾内部治安工作和涉外机构的谍报工作；对台湾谍报机关人员进行训练和工作技术的研究以及考核等。台湾"国家"安全局的首任局长郑介民，也是国民党的老谍报头子。由于本身能力的有限和台湾国际地位的特殊，该机构特别注意加强与国外谍报机构的联系与共享，他们在美国、日本、德国等国家都派驻了中将级别的特派员。特派员之下设有工作组，每个工作组都设有组长和若干组员，专事情报活动。据有关部门统计，台湾此类工作组达到60多个，在世界各地都有散布，仅美国就有11个之多。

台"国家"安全局卫星照片

"法务部"调查局

"法务部"调查局名为法务部门下属机构，貌似处理内部事务的部门，其实是地地道道的间谍机构。它成立于上个世纪五十年代，由国民党退居台湾后的谍报部门发展而来，现在已经成为台湾间谍机构中的重要角色，是台湾军事情报部门外最大的谍报机构，

在实际工作中受"国家"安全局的具体指挥。"法务部"调查局的主要职能为：

台湾间谍的部分工具和武器

首先是对台湾岛内情报进行搜集和分析，包括妨害台湾社会正常运行的各种内乱、外患等信息的获得，包括涉及国计民生的贪污渎职、贩毒、妨碍经济正常运行的各种行为，妨害交通邮电、偷漏税以及其他特殊案件。同时也在港澳和海外进行反谍侦破。

"国防部"情报局

该机构可谓台湾军事情报系统的中坚力量，主要进行情报和破坏活动。"国防部"情报局在原国民党军统的武装部队和军事委员会第六组的基础上建立起来，成立于20世纪40年代的"国防部"情报局，前期主要任务是针对祖国大陆进行军事情报搜集、分

析、整理,为当时的"反攻大陆"做准备;同时,他们也直接派遣武装特务进行袭扰破坏活动和对台湾军队人员的监视。由于60年代后期,"国防部"又增设了特种军事情报室,两个单位常为争名夺利而发生冲突,原情报局长汪希苓介入江南事件被揭露后,台湾当局于1985年7月将情报局与特种军事情报室合并成"国防部"军事情报局,简称"军情局"。

此外,台湾当前的间谍体系也渗透到政府和军队其他部门中,它们或多或少地从事谍报工作,比如台湾警备司令部、台湾宪兵司令部、台湾空总情报署和台湾海总情报署,等等。

第三章　形色各异的间谍传奇

间谍的世界,形形色色、五花八门。间谍们或把玩信息于股掌,或杀敌于指间,或利用美色穿梭于敌方核心,或运用伪装牢牢钉在敌军"大脑"中,等待发光的那一天。他们在行动中可谓八仙过海,各显神通,其精彩缤纷的故事被人们广为传颂,成为一个又一个的传奇。

第一节　"情报英雄"居功至伟

在战争中,一个情报的价值往往是不可估量的。《孙子兵法》中说:"明君贤将,能以上智为间者,必成大功。此兵之要,三军之所恃而动也。"意思是说要让有高超智慧的人充当间谍,这是用兵

的关键,整个军队都要依靠间谍提供的情报来决定军事行动。下面的这几位间谍,他们向己方提供了重大敌情,对统帅用兵产生了很大影响,是战争中真正的英雄。

"博士间谍"——理查德·佐尔格

理查德·佐尔格,1895年10月4日生于苏联的巴库,后随父母迁往德国柏林。他是个善于思考的人,以优异成绩获得了基尔大学社会学的博士学位。1914年在德国应征加入德国军队,参加过第一次世界大战,曾先后三次负伤。1916年在医院养伤时与左翼社会党人多有接触,1919年加入德国共产党,后取得苏联国籍并转入联共。

理查德·佐尔格

1924年春,佐尔格来到苏联,在苏联政府机关工作,撰写了大量有关国际关系方面的著作。在苏军情报机关首脑别尔津的推荐下,被苏军侦察机关录用。1933年,他来到日本打入德国驻日使馆,以纳粹党员和德国著名记者的身份,成功地进行了长达八年的谍报活动,获取了大量有价值的情报。

佐尔格在德军即将闪电进攻苏联的前夕,向苏联发出了战争警告:"进攻将在1941年6月22日拂晓全面展开。"然而,苏联领导人斯大林却不予理会,结果苏军被入侵的德军打得措手不及,一溃千里。

苏德战争爆发后,苏联意识到佐尔格的可贵,开始重视起佐尔格提供的情报。

1941年10月4日，佐尔格向莫斯科发出一封重要的电报："苏联的远东地区可以认为是安全的，来自日本方面的威胁已排除。日本不可能发动对苏战争。相反，日本将在下几周内向美国开战。"莫斯科很快复电，对他们的工作表示非常满意，接着，苏联最高统帅部下令从东部转移11个步兵师和坦克师，这一举动涉及25万人，军用列车一列接着一列日夜不停地调往西部西线去保卫莫斯科。德军在苏军强有力的反攻面前，从莫斯科城下败退。

正当威风一时的德军在莫斯科城下兵败受挫之时，佐尔格却被日本警方逮捕。大约在1939年，日本特高已开始立案调查佐尔格。1941年10月18日，佐尔格被捕了。在狱中的佐尔格始终相信：由于他为苏联政府所作出的重大贡献，苏联政府一定会用交换间谍的方式将他救回苏联的。

然而，苏联政府并没有采取任何措施营救他，而是始终保持沉默。西方媒体曾借此对苏联进行攻击，说苏联政府冷酷无情，认为佐尔格被捕后已经失去了利用价值，因此不愿劳神费力去搭救他。1944年9月，佐尔格被日本法庭判处死刑。在知道获救无望后，佐尔格向日本当局提出了唯一要求，希望在11月7日苏联十月革命节这一天对他执行死刑。

1964年，苏联官方公开了佐尔格的秘密，并追授他最高荣誉称号——苏联英雄。莫斯科的一条大街和苏联的一艘油轮分别以佐尔格命名。1965年，苏联还发行过佐尔格纪念邮票。

007的原型——杜斯科·波波夫

杜斯科·波波夫,南斯拉夫人,出生于一个富商家庭,是第二次世界大战时期著名的双重间谍。在德国人那里他的代号是"伊万",在英国军情五局他的代号是"侦察兵"。

最初走上间谍之路是在1940年2月,波波夫在家中接到好友约翰尼从柏林发来的电报,他们约好在饭店见面。而波波夫不知道,当时约翰尼已受雇成为纳粹间谍,这次来就是看准了波波夫在英国交友广泛,想招募他做间谍,收集情报对抗盟军。

杜斯科·波波夫

1940年,波波夫不甘为德军所利用,主动找到英国驻巴尔干国家的商务参赞斯德雷克,要求英国方面提供一些情报,以帮助他打入德国情报网。几天以后,伦敦批准了这个计划。波波夫依靠自己导演的双簧戏,成功打入德国间谍层,从此开始了他双重间谍的生涯。

波波夫也是一个花花公子型的间谍,生性风流,加上他的间谍技巧以及工作大胆,所以,成了英国作家安·弗莱明笔下的间谍英雄詹姆斯·邦德的原型。他在伦敦最豪华的酒店之一——莎威有个常住套间,经常在高级餐厅开饭,在伦敦最贵的俱乐部打桌球,到夜总会跳舞至凌晨。他还一直拒绝接受英国情报机构付给他的报酬,他说:"我非常乐意为一个我全心崇敬的国家服务,德国人付给我的薪水已经够我花了。"

军事小天才
Jun Shi Xiao Tian Cai

另一种较量——战争中的间谍与反谍

1941年7月,波波夫被派到美国去发展一个谍报小组。他的德国上司对他说:"日本可能要同美国开战,我们也不能坐视。"此时,波波夫已经觉察到日本要偷袭珍珠港的种种迹象。在征得英国情报当局的同意后,波波夫以南斯拉夫新闻部驻美国特派员的身份前往纽约,在完成德国情报机构交给的任务后,他向美国联邦调查局通报了日本入侵美国的消息。

但美国联邦调查局局长埃德加·胡佛似乎对他并不感兴趣,因为波波夫生性风流,终日与法国电影明星纠缠在一起,而把搜集情报的任务丢在脑后。胡佛虎视眈眈地指责道:"你是什么骗人的间谍?自从你来到这里以后,没有一个纳粹狗与你联系。我领导的是世界上最廉洁的警察机关,而你却在6个星期内搞了一套豪华的房子,还追逐电影明星,甚至企图腐蚀我的部下。我再也不能忍受下去了!"

埃德加·胡佛

波波夫耐心地对胡佛说道:"我到美国,是为了帮助你们备战而来。我以各种方式给你们带来了严重的警告,提醒你们,在什么地点、什么时间、什么人将以什么方式将向你们国家发动进攻。"但胡佛根本不相信,波波夫扫兴而去。

5个月后,日本偷袭珍珠港。证实波波夫的情报是准确的。

1942年11月,波波夫再次踏上了英国的土地。盟军对德国发出一些假的警告,为的就是迷惑德国人。波波夫在向德国人的报告中说,有许多英美军人应召在苏格兰接受跳伞训练,以及英国方

面对最近的一起飞机失事事件顾忌重重等消息。柏林当局因此误判了盟军登陆地点,立即向撒丁岛增派部队,潜水艇也奉命开往克里特。结果,西西里的防御力量削弱了,使巴顿将军轻而易举地冲进巴勒莫城。

1944年5月上旬,随着情报的增多,双重间谍的工作量很大。他们认真地编造和研究信息,使它们与盟军的战略计划相吻合,并取信于敌。然而,要想使如此众多的情报不出现纰漏简直不可能。果然,后来有一些细节性错误引起了德国情报部门的注意。5月中旬的一个深夜,英国军情六处的人急匆匆地赶来告诉波波夫,让他乘敌人还未发觉,赶快回葡萄牙的里斯本通知其他人员转移,然后潜逃到比利时。

波波夫于是星夜兼程地赶到里斯本,开始营救和组织逃亡工作。然而一切都为时太晚,那些正在工作的谍报人员都没能逃脱纳粹的魔爪,波波夫本人也险些被纳粹抓获。

1944年6月6日,盟军登陆法国前夕,波波夫曾协助盟军瞒骗德国,令德军从盟军登陆的地点诺曼底转移到别的地方,居功至伟。

战后两年,英国政府确认了波波夫的功绩,在1947年向他颁授OBE勋章。

1974年,波波夫出版回忆录《间谍与反间谍》。书中有句名言:"要使自己在风险丛生的环境中幸存下来,最好还是不要对生活太认真。"

"情报专家"——伊利·科恩

摩萨德是以色列中央情报和特殊使命局的别称,伊利·科恩是摩萨德优秀谍报人员的杰出代表,被称为无可匹敌的情报专家。他以阿拉伯大亨的身份只身潜入叙利亚,广泛结识军政要员,出入于政府首脑机关,窃取了大量绝密的政治、军事情报。

伊利·科恩

科恩1924年出生于埃及的亚历山大,并在那儿一直生活到32岁,后移居以色列。他最初在国防部当译员,后到以色列工人总工会经营的工业公司当了会计。这段时间,摩萨德一直在打他的主意,摩萨德知道在他小时候全家曾迁往叙利亚住过一段时间。摩萨德说服了他充当以色列的特工人员,接受了2年的刻苦训练。

1960年年底,科恩已一切准备就绪。摩萨德为他编造了一份与其经历尽可能相近的毫无漏洞的身份证明,并为他在南美洲布宜诺斯艾利斯办起了一家进出口贸易公司。布宜诺斯艾利斯有50多万阿拉伯人,其中叙利亚人占很大一部分,所以他可以轻而易举地在这些人中间生活,随后他放出风来,要回到阔别已久的祖国叙利亚去看看。

1962年1月科恩到达大马士革,在叙利亚武装部队总参谋部对面租下房子,开办了一家进出口贸易公司,一边忙着办理进出口的业务,一边把搜集到的各种情报,甚至缩微胶片转交给以色列情报局,使特拉维夫对叙利亚的政局了如指掌。

1962年夏天,科恩接到了让他回以色列的命令。他从大马士革起飞,途经苏黎世、慕尼黑回到以色列。在以色列情报局,科恩草拟出一个又一个的报告,详细地记下了他所了解的有关叙利亚政治、经济局势和军事力量方面的一切情况。

7月底,科恩回到大马士革。为庆祝自己返回大马士革,科恩在他的寓所举行了一次宴会。在这次宴会上他结识了年仅32岁的叙利亚国家广播出版局局长乔治·塞夫。塞夫的致命弱点就是沉溺女色。塞夫建议在科恩的寓所暗地组织一次"绝妙的宴会",邀请他的朋友哈图姆上校及两三个与他们相好的姑娘参加。哈图姆是叙利亚精锐的伞兵部队——突击队的司令。科恩非常乐意地接受了塞夫的建议。后来这种聚会成了一种惯例。每两周塞夫和哈图姆至少要在科恩的寓所里聚会一次。科恩从塞夫和哈图姆那里听到了很多机密情报。

1962年12月,叙利亚恢复了对以色列的敌对行动,局势又一次开始动荡起来。双方都准备采取极端的行动。科恩又开始忙乎了,他发往特拉维夫的所有情报都被立即转送给以色列军方和总理。

1965年1月21日早上8点钟,科恩给特拉维夫发完了一份电报。他坐在床上,就像通常发报一样,打开他的收音机,等待接受特拉维夫发来指示。突然,公寓大门传来一声巨响。他还没来得及动弹,门已被砸破了。3名身着便衣的人冲进房间,用左轮手枪逼着他,命令他举起手来。就这样,以色列最优秀的间谍被捕了。

就在被捕的当天晚上，苏米达尼上校逼迫他向总部发一封由叙利亚军事情报机构拟定的电报时，科恩通过一点小小的指法变化把他落入敌手的事告诉了特拉维夫。

听到这个消息，以色列在全世界范围内发起了一场大规模营救科恩的行动。2个月后，对科恩的审讯结束，科恩被判死刑。

1965年3月7日，以色列反间谍机关在海法逮捕了为叙利亚搞谍报活动的5名叙利亚特工。以色列立即提出用他们5人再加上前些时候被逮捕的一名叙利亚间谍来换取科恩。叙利亚对此建议未做任何回答。

1965年5月，科恩被绞死。

科恩死后，在以色列秘密情报部门科恩的卷宗里已装满了他提供的各种情报，其中的大部分送给了驻守叙以边界的以色列部队。一年后，即1966年，以色列和阿拉伯人进行的那场著名的现代战争中，凭借科恩提供的情报，以色列军队所向披靡，向戈兰高地发起猛攻，仅在几小时之内就占领了那个被视为不可征服的堡垒。正是由于科恩才使这次进攻取得成功。在以色列人的心目中，他已成了一位民族英雄。

第二节 "冷面杀手"生死一线

在间谍世界中,除了那些运用自己高超的谋略和机智,影响着战争的进程,改变着世界的历史,为自己的国家和民族做出卓越贡献的杰出人士外,还有一部分人,他们剑走偏锋,常常利用技术手段,直接参与暗杀、绑架等特殊行动,双手沾满鲜血,是间谍中的杀人魔王。

"冷面魔鬼"——博格丹·斯塔申斯基

斯塔申斯基,一个冷酷无情,游走于危险的间谍世界的人,运用高超的间谍技术和冷静的头脑,再加上克格勃随时为他量身打造的超级杀人利器,他的名字迅速变成了死神的代名词,被间谍历史所铭记。

博格丹·斯塔申斯基是乌克兰人。1948年4月,在乌克兰利沃夫师范学院攻读数学。1950年夏末,他因无票乘火车被捉住,并被命令去向利沃夫的交通警察局报告。

斯塔申斯基

一个特务机构的官员警告他说,他的家庭卷入了"乌克兰民族主者组织"。为保护他的家庭,斯塔申斯基在一份为国家安全部工作的书面声明上签了字,之后被送到基辅接受为期两年的间谍训练。

1956年,斯塔申斯基开始被克格勃启用。他被派往慕尼黑去监视那些敌视苏联的乌克兰流亡者。1957年9月,斯塔申斯基接到命令,监视并谋杀一位流亡在联邦德国的乌克兰政治家——列夫·里贝特。为进行不留痕迹的暗杀,他使用的武器是克格勃研究所的最新成果——一根金属管。这种武器表面看来是绝对无害的,与人的手指头差不多粗细,约200毫米长,由3节拧在一起而成。底部一节有一个发射栓点燃炸药,推动中间一节的一根金属杆,这根金属杆又将管口的一个装有毒药的小玻璃针管撞破。毒药以气雾的形式从金属管的前端发射出来。如果近距离射到某个人的脸上,这个人一吸入这种气雾就会立即倒地而死。

克格勃的技术人员告诉斯塔申斯基:"使用这种武器必须谨慎小心,务必注意不要让气雾危害到自己。"他们还给了斯塔申斯基一瓶防护药片,让他预先把解毒药片吞下,在发射武器之后再立刻弄破一个解毒针管,吸它的气雾,说这样就会平安无事的。

为了保险起见,斯塔申斯基在附近一小树林里找来一只流浪狗,决定先练习一番。他按照技术人员的方法,事先吞服了解毒药,然后在距离狗大约300毫米的地方发射了这种武器。几乎没有任何爆炸声,这个可怜的小家伙被击倒,经过一阵短暂的痉挛,

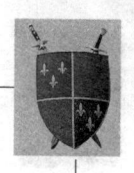

毫无声息地死去了。

10月12日上午10时,当里贝特下了电车朝他的寓所走去时,被一直跟踪他的斯塔申斯基逮着了机会。斯塔申斯基从上衣口袋里掏出那件裹在一张报纸里的武器走过去,里贝特正在用力地捅着卡在锁眼中的钥匙。"刚下班吗?"斯塔申斯基问道。里贝特还没有来得及反应,便失去了知觉。斯塔申斯基迅速拿出纱布包着的另一种解毒药,急速地在大门上将它敲碎,吸入气雾。他环视四周,发现楼梯上没有其他人存在,便飞速地离开了这所房子,将纱布和玻璃碎片丢进了一条阴沟里。

1959年,"乌克兰民族主义者"组织慕尼黑分部的领导人斯捷潘·班德拉在慕尼黑被神秘地谋杀了,对于班德拉的死因,人们一直众说纷纭、莫衷一是。事后证明,这也是斯塔申斯基干的,他因此被莫斯科授予红旗勋章。

令人称奇的是,这样一个"冷面魔鬼"竟然因为爱情而改变了命运。斯塔申斯基作为克格勃杀手在德国活动期间,热恋上了英格·波尔小姐,一个普通的德国姑娘,他希望和她结婚,开始考虑要逃脱他所厌恶的杀人行当。1961年斯塔申斯基成功地逃至西柏林。1962年10月19日,西德司法当局以间谍罪和杀人罪判处斯塔申斯基监禁8年。1968年新年前夕,斯塔申斯基提前4年被释放。为了防止克格勃加害于斯塔申斯基,他被美国用一架军用飞机秘密带出德国,定居在美国。

至于英格,则早已改名换姓,去西德斯图加特一家理发馆工

作。为了彻底掩盖真相，她于1964年6月23日宣布同博格丹·斯塔申斯基离婚。后来，她又悄悄地消失了……

"长发杀手"——尼玛

在间谍世界中，女性通常利用她们的天然资源——美色，来制服敌人和套取情报。但是，女性间谍中也存在异数，那就是著名的"长发杀手"尼玛，她是地地道道的依靠间谍技能和杀手头脑来进行间谍服务的特工。2003年，一名曾经当过以色列秘密情报机构"摩萨德"属下职业杀手、"美女特工"尼玛（化名）以一本自传性作品《我不得不杀人》震撼了法国社会。

尼玛

尼玛是罗马尼亚人。1993年，也就是她22岁那一年，她移民以色列。不久，拥有计算机学位的她参加以色列国防军，完成每个以色列公民应该履行的服役义务。就在部队服役期间，赫赫有名的以色列间谍机构"摩萨德"相中了她，并且对她进行了一系列的强化训练，具体包括学习阿拉伯语、各种杀人手法、策反阿拉伯人和如何施美人计等等。尼玛的悟性相当高，不久便以出色的成绩完成了特工训练，成为"摩萨德"一名合格的特工。

以后的6年中,她以外籍巴勒斯坦人的假身份在黎巴嫩等地展开了间谍活动,包括多次窃取叙利亚军事计算机中的秘密等。就从那时起,尼玛开始了杀人,有时是无奈的自我防卫,有时是奉命的冷血杀戮。

据尼玛称,她第一次杀人是在利比亚的一个真主党训练营里,她企图以新兵的身份渗入这个组织,然而该组织的军官却要求她必须杀死另一名女新兵——她在训练营结识的好友亚斯米娜来证实她的忠心。这是极端组织在招募新兵时的一个"标准化测试",通过让新兵双手沾血来确保他们的忠诚。尼玛没有任何悔恨之意地杀死了亚斯米娜。

尼玛在书中叙述了她数次难以置信的逃亡。尼玛说:"也许在绝境之下,你才会发掘出你潜在的能量。不管如何,每次被捕后我都活了下来,并成功逃亡。"尼玛称,在意识到"摩萨德"的许多作风与她的看法并不相符后,于2001年早期离开中东,来到法国。在土耳其伊斯坦布尔机场,她遭到了一名"摩萨德"同事的追杀,此人试图用一根毒针杀死尼玛,然而最后死的却是他自己。尼玛称,她之所以写下这本书,是想给她的女儿留下一点东西,她女儿的父亲是她的一名前同事,在伊朗执行任务时惨死。

尼玛对记者称,她的前顶头上司已经同意她退出间谍行业,并表示不再追杀她。"摩萨德"也同意了尼玛出版自传的要求,但是

有一个条件,即尼玛在出书前,必须将手稿交给"摩萨德"进行审查。当尼玛将手稿交给"摩萨德"官员后,他们送回来了一个被删节的版本。

尼玛目前她与女儿孤独地生活在巴黎,没有家庭也没有男友。她也无法在法国找到一份正式的工作,她目前唯一的收入就是当一名格斗教练,教人自我防卫的艺术。

第三节 "情色特工"瞄准人性

自古以来,对美色的使用就一直广泛存在于间谍世界中。人的欲望是与生俱来的,人性的弱点千百年来始终存在着,正因如此,美色发挥的作用有时连宗师级的大间谍们都自愧不如,下面就让我们一起来认识一下其中的几位。

"女谍之王"——辛西娅

西方谍报专家公认,女间谍中首屈一指的当属辛西娅。辛西娅原名贝蒂·索普,出生在美国明尼苏达州的明尼阿波利斯市,二次大战时成为英国间谍,为盟军在第二次

辛西娅

世界大战中的胜利作出了重大贡献。据当事者回忆,辛西娅身材姣好,一头瀑布般的金色长发,五官极其出众,并生着一对迷人的蓝色眼睛。无论男女老少,第一次见到她,都为她所吸引而产生好感。

西班牙内战争前夕,辛西娅的丈夫在西班牙首都马德里工作,她则通过与一名西班牙高级军官的一段艳史,为英国获取了重要的军事情报。

1937年,人们已经预感到战争的临近。她又随丈夫调往华沙。在华沙,根据伦敦的命令,她施展手腕,从波兰外交部部长助理手中获取大量机密文件。这一成果引起了英国谍报机关总部的注意。英国谍报机关负责人威廉·斯蒂芬森说服她与她丈夫分居,派她到美国首都华盛顿,并给她起了个化名,叫辛西娅。

第一个上钩的是意大利的一个海军武官,这位中年男子心甘情愿地堕入她的情网,辛西娅告诉他,她替美国人做事,她不愿意说出她的英国主子。这位意大利军官向她提供了密码。用这个密码,英国皇家海军破译了地中海东部意大利海军的所有通讯联系,以致在1941年3月28日,意大利舰队在马塔庞海峡附近的希腊海面上全军覆没。

后来,斯蒂芬森交给她一项十分艰巨的任务,要她设法弄到法国维希政府驻华盛顿大使馆与欧洲之间的全部通讯手段秘密及材

料。辛西娅以记者身份作为掩护，进入法国维希政府驻美使馆，并引诱新闻官查尔斯·布鲁斯，两人一见钟情。辛西娅的姿色完全征服了布鲁斯，当布鲁斯基本弄清了辛西娅的间谍身份以后，起初感到很震惊，继而又决心和她一起干。布鲁斯把达尔朗给大使馆的来电以及海军武官的复电全交给了辛西娅。由于英国情报部门及时得到了这些电报，并及时采取了保护措施，才使得在美国港口停靠修理的所有英国军舰免遭纳粹间谍的破坏。

更使辛西娅为之骄傲的是，她同布鲁斯合作，从法国大使馆里弄出了维希政府海军使用的密码。这是一项极其冒险的秘密任务，命令是由斯蒂芬森在纽约向她口头下达的，当时盟军急需维希政府海军使用的密码。

布鲁斯找了一个借口进了机要室。回来后把保险柜的样子对一名撬保险框的专家、外号叫"佐治亚大盗"的加拿大人作了详尽的描述。"大盗"分析说："我想这可能是一台专家们说的，代号叫'卡里克'暗锁装置的'莫斯勒'保险柜，撬开它得花55分钟时间。"

如何把"大盗"带进戒备森严的使馆去呢？他们制定了一个大胆的行动方案。布鲁斯告诉巡夜人，这几天晚上他都得在使馆工作很晚，并希望他不要声张出去，因为还有一个女朋友将陪着他。巡夜人会意了，因此还得到一笔十分可观的小费。

盗窃密码的工作整整用了3个晚上。第一夜,布鲁斯让巡夜人喝了一杯香槟酒,酒里的安眠药让巡夜人睡了5个小时。但是,当"大盗"刚把保险柜撬开,正准备给密码簿拍照时,巡夜人开始醒了。盗窃工作只得停止。

第二天,只有很短的一个间隙时间,辛西娅按照"大盗"口述的撬柜办法,但最终还是没有成功。第三夜,只好再请"大盗"亲自出马。当辛西娅和布鲁斯带着"大盗"刚进入使馆,巡夜人正在巡逻。辛西娅急中生智,立即对布鲁斯说:"快,快,把衣服脱了!"

两人脱掉衣服,赤身裸体地紧紧搂在一起,躺在门厅黑暗处的长沙发上。巡夜人转回来见此情景,结结巴巴地连声道歉,再也没来打扰他们。巡夜人一走,他们赶忙让"大盗"进屋,只用了几秒钟时间,就打开了保险柜。他们取出密码簿,迅速从窗口递给早就隐藏在花园里的英国安全协调局的特工人员。特工人员立即在汽车里进行工作,把密码簿逐页地拍了下来。照片终于拍完,密码簿被放回原处,没有留下丝毫痕迹。

辛西娅也有着与其他美女间谍不一样的归宿,她居然与猎物之一的布鲁斯终成眷属,在法国的一个乡村古堡中安度晚年。辛西娅的名言至今为人们所铭记:"我酷爱我的美国、英国,后来我也很爱法国。我相信我是一个爱国者。也许我用'爱情'换取了情报,但我问心无愧。我的工作挽救了很多人的生命,人们也是这样

说的。在我所遇到的情况面前,我知道对于那些体面的女人来讲可能会退缩的。但我是义无反顾的。我觉得单靠一些'体面'的办法就无法赢得战争。"

纳粹"黑名单"第一人——南希·韦克

南希被称为"白鼠",概因她福大命大地逃过了一次次的追杀,并且机智勇敢地获取了大量情报,被认为是二战中最为勇敢的女性之一。南希虽然不是以美色获取情报的间谍,但她罕见的美貌却使她成为20世纪最著名的"美女间谍"之一。

南希·韦克

南希生于澳大利亚,20岁出头时二战爆发,她移居法国,成为了一名自由记者。不久,她在维也纳得到了一个采访纳粹头子希特勒的机会,并且亲眼看到纳粹对待犹太人的残暴。这个场面使她开始对纳粹产生反感,最终使她勇敢地走上了反法西斯的道路。

1939年,南希与法国富商亨利·费奥嘉结婚,住在马赛一套非常豪华的房子里。"他非常英俊,跳探戈棒极了。他是我这一生的爱。"南希这样评价自己的丈夫。1940年,就在南希婚后6个月,德国纳粹占领法国。从此,南希开始了抵抗纳粹的行动,成为一名反法西斯的坚强战士和组织者。她冒险穿过德军封锁线,投入刚刚萌芽的反法西斯运动。作为一名信使,她设法将信息和食物运送给法国南部的地下组织。后来,利用富商夫人的身份,她弄到一张

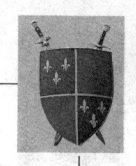

假证件,得以继续留在沦陷区。她买了一辆救护车,用它先后帮助1000多名潜逃的战俘和盟军飞行员,穿过法国边境逃到西班牙。后来,纳粹悬赏搜捕南希,她感到法国的形势实在太危险,于是设法翻过比利牛斯山逃往西班牙,最后辗转来到英国。

此时,南希已经31岁。她加入反法西斯的英国特别行动组。当时500多人的特别行动组只有包括南希在内的39名妇女。他们的任务是尽可能多地破坏纳粹占领地的各项设施。她还接受了英国国防部进行的间谍训练。然后,南希再次重返法国。

1944年4月,南希和另一名特别行动队员潜回了法国中部的奥维涅省,负责在当地招募和组织抵抗力量,建立秘密的弹药武器库,并负责与英国的无线电联系。南希领导抵抗军的袭击目标是当地德军的武器装备和人员,目的是在诺曼底登陆日之前削弱德军的抵抗力量。面对2.2万多的德军士兵,南希的部下慢慢从开始的3000多人发展到最后的7000多人。他们的抵抗对德军造成了有效的打击。

南希反对德军的活动使她的生活陷入巨大的危险之中。很快,她成为一名嫌疑犯,遭到德军的追捕。盖世太保窃听了她的电话,拦截她的信件。因此,南希不得不换了多张假身份证。因为她超群的自我掩护能力,纳粹将她称为"白鼠"。

1943年,南希在纳粹的"黑名单"上名列第一位,德军甚至为

抓到她悬赏500万法郎。这时，再呆在法国已经非常危险。抵抗军们也建议她暂时先去英国。"亨利说，'你必须得走'，我记得我在出门时对他说：'我很快就会回来。'可是，这以后我再也没有见过他。"南希回忆说。南希丈夫因为不肯透露她的行踪而被纳粹残忍地杀害。

　　逃亡并不容易。为了翻过比利牛斯山前往西班牙，她先后尝试了6种方法，其中一次在图卢斯还被法国当地民兵组织抓住羁留了4天。最后在另一位抵抗军的帮助下才得以逃脱。

　　南希·南希的传奇故事后来被写进小说、搬上银幕。作为二战期间反抗德国纳粹的女英雄，南希·南希在战后从法国、英国和美国获得很多勋章，因此成为获得盟国授予勋章最多的女性。2001年，90岁高龄的南希离开澳大利亚前往英国伦敦，并在一家酒店常住了下来。此时的韦克贫困潦倒，为了支付酒店费用，她不得不以7.5万英镑的价格卖掉了所有荣誉勋章，查尔斯王子知道此事后帮她交付了所有酒店费用。

职业"罗密欧"——奥图

　　罗密欧本是莎士比亚所写的悲剧中的多情男子，为爱情牺牲了他的生命。但是，罗密欧一旦职业化，那就是把扮演大情人当做一种职业，他的爱和性完全是假装出来的演技。

　　在东西德统一之后，以前的东德特务头子对媒体说，他曾经主

办过一个名叫"罗密欧特务"的组织,大量制造职业性的罗密欧。该组织在特务群中挑选出那些相貌英俊、头脑聪明、受过高等教育的男士,专门训练他们怎样向女人献殷勤;如何以爱情为武器,向女人进行攻心战;怎样在床上发挥做爱的技术,讨女人的欢心。

受完训练的特务被派到西德去,其任务是暗中招募西德女间谍。他们招募的候选人是那些在西德政府重要部门当秘书的女子,因为女秘书的地位不高,不引人注目,但她们对小公室的一切了如指掌,是最理想的偷窃机密文件的人选。

在西德政府各部门的女秘书中,罗密欧特务又细心挑选那些在感情上有弱点的女人。当他们把目标选好,便以巧遇的方式在这些女人的身边出现,扮演罗密欧似的大情人,使得这些女人为了爱情甘心情愿地做他们的牺牲品,替他们偷窃政府的机密情报。

根据以前的东德特务头子的报告,他手下的罗密欧特务的战果丰硕,招募了非常多的女间谍,遍布所有的西德政府部门。由于那些被爱情网罗着的西德女间谍的贡献,东德情报局对西德和北大西洋公约国的军事机密全盘知悉。

德国统一后,有好几个当年替东德政府做间谍的西德女人自愿被媒体访问,讲述她们被爱情欺骗的故事,让人们知道了职业"罗密欧"的存在。其中一个叫奥图的"罗密欧"颇具代表性。

西德女人尼歌当时在国防部当秘书。在她20岁那年,丈夫爱

上别的女人,离她而去。她带着3岁的女儿过着寂寞的生活;她相貌平凡、身材粗壮,多年来一直没有男人追求她,使她在精神上和肉体上对爱情饥渴万分。35岁那年,奇迹出现。一天,她和女儿在湖边玩耍,竟有一位长相英俊、彬彬有礼的男士前来向她献殷勤,称赞她漂亮。

从没有得到过男人恭维的尼歌喜出望外。从那天开始,她和那个名叫奥图的男人成为一对热恋的情人。奥图告诉她,他是一个工程师,常常要到外地出差。当他从外地回来,便开着车子带尼歌和她的小女儿到处去游玩,请她们吃饭、看电影、买礼物送给她们,出手阔绰。

奥图精于攻心术。他一遍又一遍地对尼歌说:"当我第一眼看到你的时候,我心里立时知道,你是我的命运。我们是从一块分开来的两片。没有你,我的生命就不完整。"

奥图的深情话使尼歌开心得飞上九霄云外;奥图成了她生命的中心点。这时,奥图便向尼歌坦白他的真正身份:他是一个东德的特务。他又说,他的上级是不准他结婚的,但他爱尼歌爱得发疯,于是冒险向上级申请结婚准许,但上级有条件,命令他取得西德政府的某些机密情报,才批准他跟尼歌结婚。要不然,他会被召回东德去,他和尼歌永远没有机会再见面。

为了不失去奥图,尼歌什么事情都愿意替奥图做。于是她开

始在国防部的办公室里面把机密文件复印好,放入手提包,偷偷拿回家去交给奥图。她的行动从未引起别人的怀疑。

过了一段时间,奥图还是被召回东德去。从那时开始,东德的特务头子便利用爱情向尼歌勒索。如果她要见奥图的话,就要她偷窃机密情报。当她交了情报,便得到准许到东德去和奥图重聚,两人到一个风景秀美的地方度假。

等到德国统一后,奥图突然失踪,音信全无。尼歌不久也被捕,罚坐6年的监牢;她的女儿被官方领走,她从此失去了女儿。这时,尼歌才知道,奥图原来是一个有家室的男人,除了太太,还有两个孩子。这一切尼歌都不在乎,她唯一在乎的是:奥图是否真的爱她?

6年刑狱期满,尼歌出狱后,要求德国媒体帮助她,到以前的东德地区去找奥图的下落。媒体的路数多,终于在一个小城里找到奥图。那时的奥图已经退休,而且又第三次结婚。记者出示尼歌的照片,奥图看着照片,冷冷地说:"我不认识这个女人。我从来没见过她!"

当尼歌从记者处得此音信,她泪流满脸,悲伤地说:"我多年替东德做间谍工作,唯一所得的报酬是爱情。万想不到,奥图的爱情是假的!我付出的代价太大了!"

第四节 "红色间谍"不畏牺牲

间谍是一种政治、军事工具,是一条隐蔽的战线,任何一场战争中都有他们的影子,任何一个国家、组织、民族都需要他们的特殊贡献。在中国宏大壮丽的革命战争中,有无数的"红色特工"们在间谍战线上出生入死,为中华民族做出了大无畏的牺牲。限于篇幅,这里仅选取两位向大家介绍。

李克农

对于李克农将军对中国革命战争的贡献,毛泽东曾给予了很高的评价,认为他发挥了几个整编师的巨大作用。建国后,毛泽东在一次接见外宾时说:"李克农是中国的大特务,不过是共产党的特务。"

李克农终其一生没有领兵打过仗,但是1955年中国人民解放军授衔时,李克农同志被授予上将军衔,足见李克农所作间谍工作的巨大价值。

李克农在间谍工作中曾用过"泽田、峡公、种禾、曼梓、稼轩、天痴、震中"等化名,祖籍安徽巢县,生于芜湖。"五四"运动后,李克

农参加芜湖学生运动,并给《皖江日报》撰稿。1920年就任省政府秘书,次年赴六安任县政府第二科科长。"五卅"惨案后,任皖省"外交后援会"宣传事务。1926年年底,经钱杏村介绍加入中国共产党。在党组织的指示和帮助下,李克农潜入国民党特务机关,从此开始了间谍生涯。20世纪20年代,国民党特务组织以"上海无线电管理局"招聘广播新闻编辑为名扩大特务组织,这个无线电管理局,是国民党头子陈立夫的特务机构,由陈立夫的亲戚徐恩曾掌管。根据周恩来的指示,李克农以应考方式打了进去。徐恩曾对李克农观察一段时间后,庆幸自己觅到了一员干将。不久,李克农便升任特务股股长。官虽不大,却正是获取情报最好的位子,成为徐恩曾的得力干将,徐恩曾万万没有料到自己这位得力干将,竟是共产党的忠诚战士。1931年中共中央政治局候补委员、中央"特科"负责人之一顾顺章叛变,上海的中共中央首脑机关和中央领导人危在旦夕,李克农获此情报后在第一时间报告党中央,使包括周恩来、陈赓在内的所有机构人员得以及时撤出。陈立夫哀叹道:"活捉周恩来,只差5分钟!"1935年,红军长征到达陕北后,李克农受命作为我党代表,深入东北军开展联络工作,与张学良将军举行了秘密会谈,介绍我党团结抗日的政策和主张,与东北军达成口头协定,并建立了电台联系。"西安事变"后,李克农任中共代表团秘书长,协助周恩来、叶剑英等同志和平解决"西安事变",为争取

抗日民族统一战线的形成,实现第二次国共合作做出了重要贡献。抗战胜利后,李克农领导情报部门,为中央及时揭穿蒋介石提出重庆谈判的和谈骗局提供了重要依据。解放战争中,李克农指导党的隐蔽战线为配合军事作战,特别是对辽沈、淮海、平津三大战役的胜利发挥了重大作用。

张露萍

1921年出生于四川省崇庆县(今崇州市)。1937年11月,张露萍奔赴延安,先后毕业于陕北公学和抗日军政大学,1938年10月加入中国共产党。1939年10月,张露萍受党派遣回四川工作,秘密打入重庆国民党军统局电讯处及电讯总台,担任党在军统局的地下党支部书记。她从军统机关截获了大量重要情报,并将它们直接送到了我南方局。

1940年,从戴笠发给胡宗南的密电中获悉军统准备派遣一个"三人小组",携带着美制小型电台,通过胡宗南防区,潜入陕甘宁边区搜取情报,这个密令被张露萍等传送给南方局,南方局直告中共中央。结果,"三人小组"刚跨入边区地界,就被早已埋伏在那里的军民抓获,不仅美制电台成了战利品,同时,也增加了一条揭露蒋介石"假抗战真反共"的具体罪证。

同年4月,设在天官府街14号的中共地下联络站被军统特务发觉,他们采取放长线钓大鱼的手段,准备在该站进行联席会的那

天晚上,更多地抓捕共产党人。由于这个情报送来得较晚,张露萍无法脱手让别人去通知,只好自己乘夜色走出牛角沱,直接找到天官府街(按规定这是不允许的),递上一张"有险情,速转移"的字条,便匆匆离去。

军统破坏我地下联络站的计划落空了,戴笠却从中发现了疑问,为什么我的秘密行动走漏得那么快?难道我军统内部有人资敌通敌?!戴笠的猜想没有错,张露萍领导的特别支部,除原有的张蔚林、冯传庆之外,又发展了赵力耕、杨洗、陈国柱、王席珍等4人为地下党员。这样一来,机房、报务、译码等组(室)全有了共产党的眼线。

张露萍于1940年4月回成都去省亲。在此期间,张蔚林出事了。由于连续工作,收发报机上一支真空管被烧坏,正在进行全面审查的监察科长肖茂如平时和张关系就不好,便想借机报复一下,于是说张是有意破坏,遂把张蔚林送到稽查处关了禁闭。张以为事情败露,沉不住气,竟从禁闭室逃出,跑到重庆八路军办事处去躲避。组织上认为,这是工作上的过失,至多受点处分,张应该立即回去找领导检讨此事。于是张蔚林准备回去找电讯处副处长董益三求情。

张逃离禁闭室之后,戴笠产生了警觉,不仅立刻派人四处追寻,同时搜查他的宿舍,结果搜出一个记有军统局在各地电台配置

和密码的记录本、张露萍的笔记及七人小组的名单,待张蔚林来求董益三时,即刻被捕。在报房值班的冯传庆得信后,翻墙逃出电台大院到八路军驻重庆办事处报信。叶剑英见情况紧急,立即让冯化装成商人,安排他深夜过江去延安,并向成都发电报,通知张露萍就地隐蔽,莫回重庆。可惜,此电报晚了一个时辰,戴笠已借张蔚林名义,给张露萍发了"兄病重望妹速返渝"的电报。张露萍不知是计,启程返回,刚到重庆就被特务逮捕。而冯传庆渡江以后,也被埋伏的特务抓获。这样,包括杨洗、陈国柱、王席珍、赵力耕在内的"牛角沱七人小组"全部被擒。

这就是当时震惊国民党心脏的"军统电台案"。"军统电台案"发生后,军统方面万分震惊,蒋介石也大骂戴笠无能。1945年7月,经百般折磨,策反无果,戴笠亲自下令将张露萍等7人杀害。

第四章 经典的间谍战例

战争是政治的继续,是政治的最激烈表现形式,作为一种服务于政治和军事的特殊活动,间谍工作在战场背后的表演最为精彩。人类轰轰烈烈的战争史上,间谍们犹如一道道划过战场天空的鸟儿,留下了道道痕迹。

第一节 淞沪会战背后的日本间谍

日本间谍在整个侵华战争中的表现是非常出色的,没有他们,也许日军的战略意图不会那么容易地被实现。侵华战争初期,日军扬言3个月亡中国,但是在蒋介石以空间换取时间的战略退却和中国共产党领导的武装力量的节节抵抗下,这个战略目标看起

另一种较量——战争中的间谍与反谍

来没有那么容易实现了。丧心病狂的日军便决定在杭州湾登陆，占领华中地区，把中国拦腰截断，以期快速达到占领中国的目的。在这场战争之前，日本间谍已经提前若干年做了大量的间谍工作。

事情要从1932年说起。这年1月10日，日本驻上海公使馆武官辅佐官陆军少佐田中隆吉，收到一封以关东军板垣参谋的名义发来的长电。要求其率领的谍报组织在上海挑起事端，把各国的注意力吸引过去，届时关东军则乘机实现满洲独立。田中隆吉得到密令后，随即开始策划行动方案。他的计划中，一个不可或缺的人物就是间谍界著名的川岛芳子。

田中隆吉

关于这个女魔头的生平，我们在第三章就已经开始关注。川岛芳子其实是个地道的中国人——一个满清时代的贵族，原名为爱新觉罗·显玗，她的父亲，就是肃亲王王善耆。在其父亲野心复辟的计划下，川岛芳子被送给了肃亲王的日本朋友川岛浪速做养女。川岛浪速不断地对川岛芳子进行间谍培训，并引起了日本间谍机构的关注，开始发展她为重要谍报人员，利用她的身份对中国核心权力机构进行渗透和潜伏。

田中隆吉将密令原原本本地交给川岛芳子，希望川岛芳子利用自己的身份和在上海的各种关系，完成挑起事端的任务。川岛

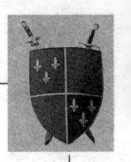

芳子通过分析，认为在上海挑起事端，要充分利用中国人在满洲事变后对日本人的民族仇恨。并就相关细节问题进行了详细的评述。田中隆吉对川岛芳子的前期准备工作和情报掌握能力喜出望外，于是授予川岛芳子全权处理此事，更是下令属下一干人等全部受命于川岛芳子。受到上级重视的川岛芳子，像上紧了发条一样迅速投入到其中。她通过自己在上海的关系网和"线人"首先找到了一群爱打抱不平的搬运工人，经过观察，选定了其中一个叫吴平的工人。经过关系的不断密切，川岛芳子有一天向吴平诉说了提前编造好的故事，谎称自己被几个日本浪人侮辱，为此痛哭不已。善良而又血气方刚的吴平听后，恨得咬牙切齿，恨不得立即抓到那些日本浪人，为川岛复仇。这时，川岛芳子又利用自己的美色不断撒娇，并拿出5000元现金，说是为吴平做准备工作和答谢兄弟们用。见此，吴平更是坚定了赴汤蹈火的决心。一个星期后的一个下午，吴平探听好了那几名日本浪人的行走范围和路径后，约好了其公司几名工友，埋伏在日本人必经的路上。待到日本人出现后，吴平大喝一声，带着数十名工人挥舞着棍棒刀枪冲向日本浪人。

措手不及的日本浪人们，在稍微抵抗后就全部被放倒在地。这次袭击后，三个日本人受重伤，其中一名抢救无效而死亡。

袭击事件震惊了整个上海，朴素的群众们固然拍手称快。但是早有准备的日本间谍机构立即将此事进行了汇报。日本政府趁

机由其驻上海领事馆总领事村井仓松向上海市市长吴铁城提出了无理的解决办法,其中包括处罚肇事者;向日本道歉;负担伤亡者的治疗费、赡养费和立即解散抗日团体、取缔排日活动四条。上海市政府在软弱的国民政府支持下,竟全盘答应了以上四点要求。此时,中日两国间的对立由这起袭击事件而发展到了一触即发的状态,世界各国的注意力也确实由中国东北移到了上海。

川岛芳子

袭击日本浪人的事件,为日本军方发起对上海的攻势提供了口实。蓄谋已久的日本第一遣外舰队司令官盐泽幸一少将于当月28日向杭州湾早已准备好的日本海军陆战队下达了进攻上海闸北的命令。震惊中外的"一·二八"事变爆发。日本侵略军在上海遇到了硬骨头——顽强抗日的国民革命军第十九路军。该军在军长蔡廷锴的指挥下,对日军进行了节节抵抗,致使日本的战略意图难以实现,并且在闸北地区丢下了成堆的尸体,遭受到了巨大的损失。此时,日本军方又想到了利用间谍来对国民革命军的内部即进行瓦解,这个任务自然又落到川岛芳子的肩上。

1932年1月30日,川岛芳子接到日本第九师团植田谦吉中将的求助后,立即开始针对蔡廷锴进行间谍工作。她利用长期在上海与军方和地方联系密切的便利,直接进入蔡廷锴的官邸进行摸

底。由于当时上海军方并没有对川岛芳子的身份产生怀疑,所以川岛很方便地进入了蔡廷锴的官邸,竟然大胆到与蔡廷锴等军方头脑进行日本上海攻略的分析,从中得到了不少一手机密。

十九路军在抗击日本侵略军

在获取了急需的资料后,川岛芳子与植田谦吉中将约好,在一个舞会进行秘密接头。舞会上,舞姿出众而又男装扮相的川岛芳子出尽了风头,引来阵阵掌声。而这也给了师团长植田谦吉攀谈的机会,二人利用鸡尾酒的掩护,笑谈中传递了关于十九路军的信息。但是对植田中将来说,川岛芳子带来的并不是什么好消息,因为据川岛的谍报分析得出结论,蔡廷锴和他的第十九路军面对当面之敌,是抱了必死的决心的,日本这次与十九路军的武力对抗,必将付出沉重的代价。结果,淞沪会战果然打得很激烈,面对顽强的十九路军及其他各部,日军在损失了大量军队后,终于取得了战场的主动权。但是由于上海是中国最大的贸易港,是国际性

大都市，因此日本在这挑起战火，自然会引起世界各国的反对。2月2日，英国、美国、法国的驻日大使，联合向日本政府提出了停战的要求。关东军方面，这时也在急于结束这场战争。在此关键时刻，川岛芳子又在舞会上从国民政府中央政治会议秘书长唐有壬那里探听到，上海国民党系统的银行已濒于破产的边缘，国民党政府希望尽快停战的情报。川岛芳子及时地将这一情报报告给日本政府，结果使日本政府得以站在优势的立场上结束了这场战争。

第二节 "恩尼格玛"密码破译记

第二次世界大战是人类历史上烈度最高、范围最广、损失最大的战争，战争的双方——协约国和轴心国集团，都为此投入了大量的人力、财力、物力，而间谍们在二战中的表现，更是令人炫目，成为战后很多国家间谍工作的活教科书。其中，各国名间谍机构围绕密码创制和密码破译进行了殊死的斗争，这其中更是蕴藏着大量不为人知的奇人奇事。

第二次世界大战中的密码破译与反破译作战中，盟军针对德军"恩尼格玛"密码机进行的一系列谍报工作，堪称经典。1938

年,第二次世界大战已经全面爆发,德国陆军为达到保密的目的,已经试验成功了一种名为"恩尼格玛"的专用密码机,据说其排列组合可能是无法想象的天文数字,难以破译。英国情报局驻德国柏林的间谍"1200"号发现了这一密码机型,迅速向上级报告此事,希望英国方面迅速引起重视。战后证明,倘若在战争期间不能破译德军密码,英国人将变成聋子、瞎子,无法做到知己知彼,也就难以保证战争的胜利。接到"1200"情报员的密电后,英国情报局立即组织人力进行调查,弄清了"恩尼格玛"的来龙去脉。

"恩尼格玛"密码机

"恩尼格玛"的原始发明者是荷兰人胡戈·科赫。他发明了一种"密号器",在海牙取得了专利权,但他没有造出样机,而是将专利权转让给了德国工程师奥特·舍尔比乌斯。舍尔比乌斯根据胡戈·科赫的设计图造出了一部样机,并以"恩尼格玛"的名字取得专利。

"恩尼格玛"密码机并不大,整部机器大约一个立方大小。它主要包括一个键盘以及上方的字母表,每个字母下面有1个小灯座。机器内有3个转轮,每个转轮内侧一圈都有26个电气接点与按键相连,每个接点代表字母表中的一个字母,3个转轮由一组复

杂电线互相连接。这也是整个机器最重要的组成部分,有了这些转轮和电气接点,当德军的命令输入进去后,得出的就成为毫无逻辑的字母组合,而这些字母组合的总数更是 $3×10^{18}$ 的天文数字。这样的组合,若是没有密码机进行复原,任何破译天才也是难以奈何的。但是对于德军来说,只要接受命令的部队拥有一台"恩格尼玛",将命令输入到机器中,密码机就会进行反方向的运行,从而还原命令。在第二次世界大战期间,德军上下总共拥有十万余台这种密码机,在"恩格尼玛"被俘获前,这种保密措施为盟军带来了意想不到的麻烦。

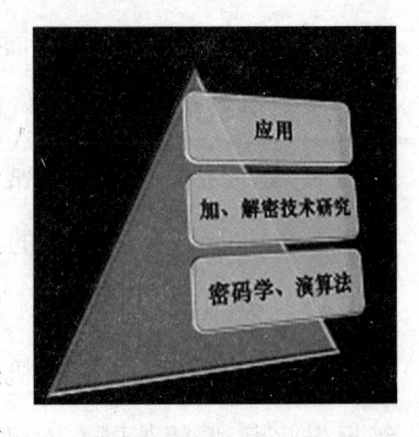

"恩尼格玛"的工作原理

盟军获得"恩尼格玛"的细节后,决定由英国间谍机构在盟军的协助下展开窃取和破译行动。1938年10月,代号"1200"的英国间谍在长期的跟踪和潜伏后,发现了获取"恩格尼玛"的关键人物——波兰籍犹太人理查德·莱温斯基。这名数学家曾在生产恩格尼玛密码机的德国工厂中工作。英国间谍机构立即展开行动,对莱温斯基晓以大义,动之以情,并威逼利诱,最终莱温斯基同意合作。英国情报机构大喜之下,立即派出得力干将进行谈判。一名是著名的密码破解专家阿尔费雷德·迪尔温·诺克斯,另一名

是数理逻辑专家阿兰·马西森·图林。二人在盟军间谍机构的鼎力帮助下，迅速潜入布拉格，找到了莱温斯基。三人在一处僻静的公寓中进行了交谈，涉及合作的原因、意向、目标、分工等细节。"你为什么要帮助我们？""因为我憎恨纳粹！作为个人原因，是因为我仅仅是个犹太人，就被纳粹驱逐出境了；作为和平主义者，我有责任制止战争疯子。""'恩尼格玛'是件厉害的新式武器吗？""不破解它就难以战胜希特勒。""你对'恩尼格玛'知道多少呢？""我可以绘出图纸并复制一部'恩尼格玛机'，而且知道它的应用原理。"图林提出了一系列有关机器工作原理问题，莱温斯基都作了简单明了的解答。图林相信莱温斯基说的是真的。

经过了短暂的试探与甄别后，英国间谍们相信了眼前的犹太人能帮助他们破解德国人的密码机。英国人立即安排好莱温斯基的家人，帮助他们逃离德国人的魔爪，在法国暂居。而后，英国间谍们轮番在布拉格帮助莱温斯基。在盟军的财力、物力支持和大力协调下，"恩格尼玛"密码机的破译工作进展顺利。

当然，英国人不是一个人在战斗，他们得到了波兰人的大力帮助。波兰情报局素以善于破解密码著称，1920年，由于他们破解了前苏联的密码而赢得了苏波战争。30年代初期，波兰总参谋部的情报处获得了一台商业用"恩尼格玛机"。两个波兰数学家带领一批助手经过几年的努力，到1937年底，终于成功地破译了"恩尼格

玛"密码电文的75%的情报。但是,德国人又对"恩尼格玛"进行了改进,增加到5个轮子,波兰人直到第二次世界大战前夕,还没办法攻克德国人新型的"恩尼格玛"机。极有预见的波兰情报局知道波兰肯定沦陷,为了抵抗希特勒这一共同事业,他们决定将他们的"恩尼格玛"密码机连同有关研究资料送给英国和法国,将战胜希特勒的希望寄托在欧洲这两大强国身上。机器和材料送走后一个月,德国果然攻陷了波兰。此时,莱温斯基已制出了"恩尼格玛"密码机,还比波兰人送来的稍稍先进一点。不管怎么说,它们都相互印证了德国人的"恩尼格玛"机。

有了机器绝非万事大吉,问题只仅仅解决一半。因为战争期间,德国的"恩尼格玛"机密钥(编码程序)是经常变换的,面对敌军司令部发布的大量命令,必须以超乎常人的速度来进行无穷无尽的计算才能破解。

数理逻辑学家图林这时发挥作用了。图林就读于皇家学院时就是数一数二的数学尖子。后来又到普林斯顿研究院师从爱因斯坦,成为一流的数理逻辑学家。他个性古怪不修边幅,平时沉默寡言。不管在什么场合,在想到问题的解决办法时,他都会突然发出一阵尖笑,把周围的人吓一跳,但他却毫不理会。为了破译"恩尼格玛"密码电文,在其他科学家的协助下,他发明了一种叫"炸弹"的破译机,由莱奇沃思制表公司制作。这种"炸弹"破译机长宽均

为 2.4 米，活像个大铜柜子。它基本上是一种电动—机械式数据处理机。

1940 年 4 月，"炸弹"取得了英国人盼望已久的对"恩尼格玛"密码电文破译的突破。最先破译的电文是一些关于德国军事人员任免书，没有多大情报价值。然而它的意义是重大的。随着"炸弹"破译机的日益改进、完善，破译的德国电报也越来越多，价值也越来越高。1941 年 5 月，英国海军从俘获的德军 U—110 号潜艇上搞到一部完整的"恩尼格玛"密码机和一些密钥，破译工作又有了很大突破。1942 年，第一台电子计算机在英国出现并投入使用，不久就发展成一种带有不少于 1500 个阀门的机器，每秒钟能阅读 5000 个符号。这种电子计算机代号"巨人"。不久，"巨人"2 号又研制成了，带有 2500 个阀门，每秒钟可阅读 2.5 万个符号。科学家们在计算机中编入了有关程序后，各种型号的"恩尼格玛"机及更先进的"鱼"型电传密码机的密码电文均被破译出来。德国人无密可保了。

"恩尼格玛"密码机破解后，对二次世界大战的欧洲战局影响非常大。1942 年 8 月，正当号称"沙漠之狐"的隆美尔计划率"非洲兵团"进一步压迫攻击北非英军时，英军情报部门利用"巨人"破译机，截收并破译了隆美尔发给希特勒的关于进攻英国第八集团军的长篇电报。这一情报使英军得以进行充分而有针对性的准

备。第八集团军司令蒙哥马利将军从容地制订了歼灭隆美尔"非洲兵团"的"捷足作战计划"。8月31日，德军按预定计划向英军阿拉曼防线南翼发起进攻。由于英军已有准备，经过6天激烈战斗，德军除了伤亡4500人外一无所获，被迫撤回原地。10月，英国第八集团军对"非洲兵团"发起了阿拉曼进攻战役。蒙哥马利原计划在北边近海处实施突破，但接获的德军无线电报表明，有一个德军师在向北移动，而处于战线中央的意大利军队则需要加强，据此作出判断，德军中央防御能力较弱。同时，截获的电报透露，德军油料匮乏，运送油料的油轮又在地中海被击沉，北边的坦克因缺乏油料难以南移。因此，蒙哥马利改变了主意，向德军和意军之间的结合部发动了进攻。困境中的隆美尔急需油料、弹药、粮食等补给品。运输队出发前，凯塞林电告隆美尔补给船准时出发，并报告了所走航线。英军在截获这一电报后，迅速派出海军舰船，击沉了所有的德军运输船。孤立无援的隆美尔，在英军的强大攻击下，终于回天无术，溃散而逃。英军取得了阿拉曼战役的胜利，并一举扭转了北非的战局。

第三节　偷袭珍珠港事件中的间谍故事

珍珠港,这个美丽的美属太平洋小岛本来是个度假胜地,却因为一场战争而为世人永远铭记。第二次世界大战中,日本海军偷袭了驻扎在这里的美国太平洋舰队,拉开了太平洋战争的序幕,而在拉开序幕的人中,日本间谍占据特殊的位置。1941年,日本海军决定进军太平洋,夺取整个亚洲,将外国势力赶出亚太地区。而这其中,美军太平洋舰队是他们美梦的重大障碍。于是,日本军方开始打美国太平洋舰队的主意。为此,日本间谍系统开始针对美军太平洋舰队的驻地——珍珠港进行必需的情报工作。

1941年2月,日本间谍机构终于向珍珠港伸出了魔爪,一名海军情报官被派往珍珠港,化名"森村正"。他以领事馆书记生(秘书)的公开身份作掩护,重点搜集美国海军舰只在珍珠港驻泊的情况,以便为日本海军实施的袭击珍珠港提供可靠的依据。

森村正抵达檀香山后,并不是像一般情报人员那样深居简出,而是大摇大摆的在珍珠港各地大肆招摇,花天酒地,游山玩水,树立起一个无脑的花花公子形象,使得美国当地反谍人员放松了

军事小天才

另一种较量——战争中的间谍与反谍

珍珠港

警惕。森村正则利用美军的疏忽，暗中注意珍珠港内美军主力舰只的驻泊情况。森村正在游玩期间，特意选择了珍珠港内高地上的一家日本酒馆，从这里俯瞰珍珠港，可以对美军舰只进出情况一清二楚，正是在这里，森村正获得了美军太平洋舰队出港和编队的重要情报。有天晚上，森村正留宿"春潮楼"，当他第二天一大早打开二楼的窗户向珍珠港观望时，立即被港内的情景惊呆了：庞大的舰队正在启航。港外，驱逐舰已经展开阵型，重型巡洋舰和轻型巡洋舰也在编排序列，有五六艘战舰正在缓缓驶离港口。此时檀香山的

森村正

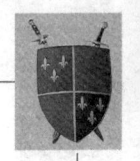

街市正在沉睡之中,但庞大的舰队已经悄悄地驶离港口。这是一个意外的重大发现。由此,森村正判断,美军舰队进出珍珠港的时间大约是在早上和傍晚。他以游玩和放荡不羁为幌子,每周两次对美舰队各种信息进行收集,日积月累形成了系统的珍珠港内美军舰队部署变化的信息资料。

森村正在游玩途中,遇见一位日本天文学家,这位先生长期旅居珍珠港,对港内天文海文无一不晓。森村正迅速从他这里获得了珍珠港内的天气和地形情报。因为他知道,天气对于日本舰队和他们的舰载机来说是多么的重要。没过多久,东京果然向吉川提出了搜集夏威夷气象情况的指示。森村正毫不犹豫地向东京作了如下回答:"夏威夷30年没有出现暴风雨。瓦胡岛北侧经常为阴天。可从北侧进入并通过努阿努帕利进行俯冲轰炸。"

此外,森村正还利用珍珠港本地的各种公开信息例如报纸、无线电广播等对港内军舰的各种信息进行收集。经过反复观察后,森村正已经能迅速地通过舰艇的外形进行辨别,并熟练地掌握了他们的舰名和相关资料。由此,森村正开始将其所掌握资料逐一向日本方面汇报。为使森村正准确报告港内美军舰船、飞机及其他重要军事目标的方位,日军把珍珠港划分为A、B、C、D、E 5个水域:A水域,指福特岛和军工厂地区之间的水域;B水域,指靠近福特岛南部与西部的水域;C水域,指东南湾;D水域,指中部海湾;E

水域：指西海湾及通过各海湾的各航道，要求吉川及时提供上述水域舰艇的数量、型号和种类等情报。这是一项艰巨的任务。珍珠港内每天都有进进出出的舰船，随时都有升降的飞机。要随时掌握港内舰船飞机的数量、型号、性能和防御措施并非易事。

1941年10月下旬，在日美关系日趋恶化的情况下，日本海军司令部负责对美情报工作的第五课，书面向森村正提出了90余个有关珍珠港驻泊及港口防御问题。如：停泊舰船的总数；不同类型的舰船数量和舰名；战列舰和航空母舰的停泊位置；战列舰和航空母舰的进出港情况；战列舰从停泊点到港外所需时间；星期几港内停泊舰艇最多；

美国影片《珍珠港》宣传画

夏威夷群岛的航空基地和常驻兵力；是否有大型飞机在拂晓和黄昏时巡逻；航空母舰出入港时，舰载机是否在港内起飞；珍珠港附近有无阻塞气球；港口有无防雷网；水兵是否经常上岸；港口附近的油罐是否装油等等。森村正根据几个月所搜集积累的大量情报资料，在一夜之间，就对上述问题一一作出了答复。在回答"星期

几港内停泊的舰艇最多"这一问题时,他肯定地写道:星期日。第二天一早,森村正将全部答案交给了日本海军情报机构。

珍珠港内被日军攻击而燃烧的美军太平洋舰队主力舰艇

1941年11月22日,日本海军联合舰队参加袭击珍珠港作战的特混编队,全部悄然集结在千岛群岛的择捉岛单冠湾。11月26日,美日谈判破裂,日海军认为袭击珍珠港已势在必行。12月2日,日海军情报机构电示森村正:"基于目前形势,及时掌握美海军战列舰、航空母舰和巡洋舰在珍珠港的停泊情况是极为重要的,因此,望今后每天将有关情况上报一次。珍珠港上空有无观测气球请电告。另外战列舰是否装有防雷网,也望告之。"森村正对以上情况一一进行了回答。

1941年12月7日，日本海军集中了一支拥有31艘战舰的庞大舰队(其中包括6艘航空母舰和353架飞机)，神不知鬼不觉地驶过几千里的大洋，以迅雷不及掩耳之势，向被世人公认为世界上防御最强的美国太平洋海军基地——珍珠港发动了突然袭击。仅仅2个小时的时间，就使美丽的军港变成了美军的坟墓。除了海军基地所受的损失外，美国损失了18艘舰艇，161架飞机和3500名人员。在这一事件的幕后，日本海军的情报机构，特别是化名"森村正"的日本谍报人员在战前所提供的大量情报，为日军的袭击铺平了道路。

第四节　美军击落山本五十六座机的玄机

香港影片《无间道》中有一句著名的台词："出来混，迟早要还的。"日本海军大将山本五十六一手导演了偷袭珍珠港和其他一系列太平洋对协约国战事，取得了大量的战果。但是他的幸运始终有用完的时候。结果他的是美国空军P-38闪电战斗机，但是背后磨刀的却是美国间谍。

1942年底至1943年初，日本军队在使用潜水艇给瓜达卡纳

尔岛送给养时,伊字三号和一号两艘潜水艇相继在海岸附近触礁沉没。美军打听到这个消息后,立刻秘密派出一支特种部队。他们以日继夜地在日本潜艇沉没的海域里进行潜水作业,终于在海底寻找到了日本潜艇。又经过一些日子的艰苦努力,他们从伊字一号潜艇上获得了数量可观的非常有价值的机密文件。通

山本五十六

过这些机密文件,美海军密码班开始破译截获日军的电报。1943年4月14日深夜,一天24小时监听敌方密码电报的美军太平洋舰队无线电情报小队值班员突然跳了起来:"太重要了! 太重要了!"他兴奋地喊道。这是驻守肖特兰基地的日军用一种新密码发出的电报,不过这难不倒美国情报人员,电报内容被轻而易举地破译出来:"山本长官4月18日上午8时零4分视察肖特兰基地。"这份电报是由五位数的乱数方式组成的密码,而且,乱数表是从4月1日刚刚改换的,因此,要想解读这个密码实在是困难重重。幸运的是,美军已经掌握了其中一部分内容。密码专家们埋头于28743 25354 19839 27291 83672……这一组组的数字里面。他们以知道的内容为线索,连续奋战了三天三夜,终于将其破译出来:

联合舰队司令官依照下列日程视察巴莱尔、肖特兰和布因:

1. 06:00,乘中型攻击机由6架战斗机护航,离腊包尔;08:00,

抵达巴莱尔,然后乘潜艇前往肖特兰;08:40,抵肖特兰;09:45,离肖特兰;10:30,抵布因;11:00,乘中型攻击机离布因;15:40,返抵腊包尔。

2. 视察程序:在听取部队现状的简短汇报后,视察部队。各部队当日任务照常进行

3. 各部队指挥官着陆战队服装,佩戴整齐,前来迎接。

4. 如天气不良,视察顺延一日。

4月17日,电报译文被立即送到美国太平洋舰队司令尼米兹将军手中。尼米兹反复阅读,激动得身子也微微发抖。日本人竟泄露了山本五十六这么重要人物的行踪,这太令人惊愕了,这等于把他们的联合舰队司令官送到美军的枪口下。不过,毕竟事关重大,尼米兹于当天上午11时将电报译文送给海军部长诺克斯。诺克斯也不敢做主,立即上报给美国总统罗斯福。罗斯福约诺克斯共进午餐,一块商讨这封电报。

"诺克斯将军,你有什么想法?"罗斯福看着电报,问道。

"总统先生,我认为这是个击毙山本五十六的千载难逢的机会。"诺克斯坚决地说。

罗斯福又问道:"有把握吗?"

诺克斯毫不犹豫地说:"有!"

罗斯福若有所思地说:"关键是这封电报,嗯……"

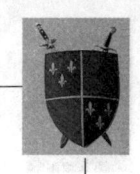

诺克斯立即说:"总统先生,这电报是真的,日本的密码被我们破译了。"

罗斯福笑了笑:"我知道。我不过是担心,万一在时间上搞不准,比方说日军内部有规定行动时间实际上是提前24小时,那么我们的计划便成了马后炮……"

诺克斯想了想,慎重地说:"这种情况可能会有。不过,根据以往的惯例,都是以密码电报的时间为准。另外,如果有这规定,我们的情报也早已发现。而且,这种规定容易造成混乱……"

罗斯福点点头:"嗯!我只不过是有点担心罢了!我相信你们的判断。"

诺克斯紧张地问:"总统先生,您批准我们采取行动了?"

罗斯福点点头,坚决地说:"我同意,请你告诉尼米兹将军和参加行动的人员,我们认为如能击落山本座机,其效果不亚于取得一场重要战役的胜利。"

日本零式战斗机

诺克斯兴奋地说:"是的,总统先生,我明白。"

罗斯福想了想,郑重地说:"我想,这行动一定会成功的。不过

……"罗斯福用手指轻轻地敲击着桌沿,若有所思地说道:"事成后不要让报界知道我们的策划,要装出是一件偶然事件,不然,我们掌握的日军密码就失效了。"他停了停,坚决地说:"我需要在第一时间知道事情的结果。"

诺斯克毕恭毕敬地说:"是的,总统先生。"

根据罗斯福总统和诺斯特部长的意图,尼米兹将军命令所罗门地区航空兵司令官米切尔海军少将说:"日海军最高指挥官山本五十六海军大将4月18日上午去布干维尔岛南端的前线航空基地卡伊里视察……山本以遵守时间著称,因此必须准时出击,以免延误战机。对于如何有效击毙山本五十六及其随行人员,要想出最佳行动方案,只准成功,不准失败。建议用P—38飞机进行拦截。总统异常重视这次战斗,战斗结果速报华盛顿,本电报不得转抄或保存,战斗结束后即行销毁!"

米切尔海军少将接到电令后不敢怠慢,立即召集参谋人员拟制行动方案,在会上宣读了尼米兹上将的电令。会议室里军官们一个个摩拳擦掌,庆幸上天给了他们一个报仇的良机。山本五十六在珍珠港曾令美国海军蒙羞,这回是死有余辜了。一个被认为是最佳的战斗方案迅速的制定出来了:

1. 在卡伊里以北50英里处上空拦截山本座机。

2. 此次截击由优秀驾驶员、陆军航空兵上尉托马斯·朗菲尔

率领18架双尾翼P—38型"闪电"式战斗机执行任务。

3. 在战斗进行中,应采取6架担任主攻,12架担任掩护的战术。

4. 首先要击落山本座机,能全部歼灭敌机则予以全部歼灭。

4月18日清晨,参加行动的所有美军飞行员集中听取了两位情报官员——海军上尉麦克查根和陆军上尉毕尔·摩里逊对情况的最后介绍,并再一次明确任务要求。7时35分,18架"闪电"式战机腾空而起。为了躲开日本占领区,机群按既定飞行路线低飞了两个小时,关掉了所有的无线电通讯。在预定时间,18架战机到达预定地点,仅仅比山本座机到达时间早到50秒。果然,山本大将的两架轰炸机和6架零式战斗机一行准时出现了。12架"闪电"战斗机立即进行拦截。日本6架零式战斗机

美军P—38"闪电式"战斗机

山本的座机被美军击落

倒也浑身是胆,毫不畏惧。倒是美国的少爷兵们怕死,慌忙爬上高空躲避。大有日本武士道精神的日本飞行员哪肯放过到口的肥肉?也立即拉升飞机去追打。顿时,山本五十六的座机及其参谋长的飞机便成了空中孤儿。在这两架轰炸机下面,朗菲尔率领的6架"闪电"式战斗机正虎视眈眈。朗菲尔见山本五十六的座机失去掩护,一声令下,6架战机立即拉升到山本座机的航线。日本两架轰炸机的飞行员一看,大惊失色,加大油门要逃,但那里还逃得掉?美军6架"闪电"式战机已如闪电般向轰炸机扑去,一阵猛烈的扫射后,两架轰炸机立即中弹起火,山本的座机坠落在布干维尔岛的森林里,而他的参谋长的座机被击落摔到海里。

战斗一结束,捷报便直传罗斯福总统。而执行空中谋杀任务的朗菲尔上尉也立即被召回美国。他一到达华盛顿机场,就在宪兵的保护下被送往陆军部。途中不准跟任何人交谈和接触。这样做当然是为了保守破译密码的机密。因为击落山本的座机,朗菲尔立即成为美国英雄,美国记者当然不会放过这一新闻的,必然对朗菲尔紧缠不休。对美军来说,这次袭击战并没有到此结束。在随后几天,一群群P—38闪电式飞机被命令在布干维尔岛附近进行无目的的飞行。美军这种做法是要使日本人相信,山本五十六的座机被击落纯属偶然,而不是由于破译了电码而组织的有计划的作战行动。

美国人的这种做法显然是成功的,日本方面虽然把山本之死列为"甲级事件",并对此进行了调查,但结果却认为,山本座机被击落,纯属偶然:如不破译山本司令长官行动计划的电报,是不可能了解我方企图的,而破译该电报,在理论上是不可能的,所以,美国战斗机同山本座机相遇,只能是一次偶然的遭遇。直到战后,真相才被揭露出来,原来是美国情报机构的计谋。山本五十六至死也不明白半路为什么会杀出18架敌机来。据说在坠毁的飞机里,已经死去的山本五十六紧紧握着军刀,瞪着一双惊疑的眼睛,死不瞑目。

第五节　希特勒与斯大林在德黑兰的秘密战

二战中德国两面作战,西线与英法打得不可开交,东线又将魔爪伸向了新生的苏联。与此同时,苏联与德国的间谍们也展开了一场殊死的搏斗,为苏德战场着墨不少。

1943年夏,苏联与希特勒德国进行了第二次世界大战中最大的一场会战,这就是历史上

希特勒

有名的库尔斯克大会战。在这场进行了50多天的会战中,双方共投入了近400万的兵力,最后以苏联的胜利宣告结束。这次会战彻底扭转了苏德战场的战局,是苏联从防御转为进攻的标志。会战胜利后,同盟国三巨头斯大林、罗斯福和丘吉尔约定11月28日在伊朗首都德黑兰举行会议,这就是著名的德黑兰会议。经过三国协商,会议决定在苏美英三国驻德黑兰使馆轮流举行。但是,举行这次会议的消息很快被德国间谍得知并汇报给了希特勒。在库尔斯克大会战中碰得头破血流的希特勒决定制定一个代号为"跳远"的暗杀三巨头的行动计划,当然,最主要的暗杀对象就是斯大林。计划出台后,希特勒亲自指挥执行。时年27岁的苏尔坦·阿尔马佐夫是前苏联阿塞拜疆铁路局保安处的一名特工。1943年的一天深夜,阿尔马佐夫接到了同事叶夫拉赫的紧急电话,要他立即去巴库,在那里他见到了阿塞拜疆安全委员会主席叶梅利亚诺夫。叶梅利亚诺夫当面给阿尔马佐夫布置了一项十分机密而重要的任务:一列从莫斯科开往的旅客列车将于当天上午8时抵达巴库。乘坐列车的是出席德黑兰国家元首会议的苏联政府的代表、军事专家、政治专家以及其他官员,还有广播和通讯部门的工作人员。阿尔马佐夫的任务是率领一个由13人组成的小组护送列车安全抵达德黑兰。其实,这次列车上并没有斯大林。原来,前苏联的情报部门获悉了希特勒"跳远"计划的内容,所以在斯大林的授意下

使了个"障眼法",制造了一个斯大林乘火车去德黑兰的假象。实际上,斯大林、莫洛托夫和伏罗希洛夫等人已乘飞机到达巴库,然后转乘汽车前往德黑兰。

到达德黑兰后,阿尔马佐夫和他所率领的13人小组同莫斯科的前苏联情报总部保持着经常性的联系。11月28日,会议正式开始,第一天的会议在严格保密的情况下在前苏联使馆举行。然而尽管如此,会后仅两小时,德国的广播电台就播送了会上讨论的内容,这无疑引起了三国代表团成员的惊慌。接着,前苏联无线电报务员截获了一个无名电台的发报讯号,这些都说明在三国的某个代表中隐藏着德国间谍。离开巴库之前,阿尔马佐夫就接到上级指示:英国代表团的成员中有一位前苏联间谍,必要时可以和他联系,接头地点和联络暗号已交代清楚。第一天傍晚,乘会议休息之机,阿尔马佐夫在事先预定的地点同派在英国代表团的前苏联间谍见了面。那名间谍交给阿尔马佐夫一张纸条,上面写着:他正在跟踪监视英国代表团的一名成员,这名成员很有可能是德国间谍。纸条上还写道:有一天晚上,这个人回到英国驻德黑兰使馆后,在休息室交给使馆一个上了年纪的"门卫"一张纸条。由此看来,嫌疑人是两个。当务之急是要掌握充足的证据把他们抓住。在焦急的等待后,机会终于来了。11月29日会议结束后,晚上9时许,"门卫"偷偷溜出了使馆大门,往城里走去。他走进一个围着破旧

篱笆的院落，关上了篱笆门。阿尔马佐夫带人随后悄悄追过去，用刀子撬开门闩，潜入楼内。然后突然冲进屋内，正在发报的"门卫"猝不及防，同两个年轻女助手一起被捕。阿尔马佐夫将"门卫"带到宪兵队并进行了突击审讯。审讯中，"门卫"供出了潜藏在英国代表团当中的间谍和具体的行动计划。斯大林立即将此事通报给英国首相丘吉尔。但是，狡猾的希特勒准备了两套人马。按计划，11月30日的会议在英国驻德黑兰使馆举行。然而，就在会议开始之前，苏联隐蔽在英国代表团的间谍紧急通知说，据英国情报机关的情报讲，德国间谍在准备举行会议的英国使馆小礼堂里安放了定时炸弹。与此同时，又突然传来消息，丘吉尔称病说要晚到10分钟。炸弹很有可能就在会议开始时爆炸，阿尔马佐夫认为，丘吉尔是为保险起见才晚出席的。

会议马上就要开始了，阿尔马佐夫和手下急得满头大汗。他们现在唯一需要的就是时间，以便找出英国使馆内的定时炸弹。就在这时，得到了消息的斯大林想出了解决问题的好办法。他给罗斯福打了个电话说："尊敬的罗斯福先生，我想请您和丘吉尔先生吃烤鱼串。如果您不反对的话，会议改在明天，在苏联大使馆举行，会后我们马上进餐，吃烤鱼串！"罗斯福欣然应允。斯大林请罗斯福将他的建议转告丘吉尔，正在为英国使馆发愁的丘吉尔当然愉快地答应。这宝贵的一天时间帮了苏联特工人员的大忙。在紧

张的搜查过程中,他们在英国使馆的地下室里,发现了5枚定时炸弹。

时间进入了20世纪90年代,俄罗斯《共青团真理报》在一篇文章中写道:著名的英国历史学家布洛克曾写了一本叫做《希特勒和斯大林》的书。书中写道:"丘吉尔受英王之托把一把专门为俄国人打造的荣誉宝剑授予斯大林格勒保卫者。书中配有一幅图片,是斯大林吻这把宝剑的情景。在斯大林身后第二排站着一位面带笑容的年轻人,他就是苏尔坦·阿尔马佐夫,他是一个为挽救斯大林、罗斯福和丘吉尔的生命立下了头功但却被人们遗忘了的英雄。"

第六节　国共间谍战与反间谍战

半个世纪前的国共斗争,始终在两条战线上展开,一是正面战场,一是隐蔽战线。在地下隐蔽战线上,斗争形式多样,手段灵活,但无疑,间谍战是互相角力的最重要一环。

"后三杰"谍报大战

在"红色间谍"的历史上曾有"前后"三杰之分,这"前三杰"是

胡北风、钱壮飞和李克农，他们是中国共产党早期就在国民党核心机关中插入的钉子，长期不与组织发生联系，以期在关键时候发挥决定性的作用。

而"后三杰"，指的是熊向晖、申健和陈忠经。三人都潜伏在胡宗南部担任职务，其中熊向晖担任胡贴身副官、机要秘书长达十二年。熊向晖是一个特别出色的间谍，不但圆满完成间谍使命，立下卓著功勋，而且毫发未损全身而退，更且让对手出钱出国深造，最后又学有专成归队为共产党工作，直做到部长级高级干部。

熊向晖

熊向晖本是清华学生，在学习期间加入共产党。抗战之始，熊参加流亡学生组成的"战地服务团"，适逢胡宗南部在服务团招收学生，熊被胡亲自选中。通过周恩来精心安排，熊与申健、陈忠经三人就构成一张共产党在国民党军队中的最重要间谍网。熊进入胡部时，正当国共第二次合作抗战时期，外敌当

胡宗南

前，国共间虽常有摩擦暗斗，但究不是大规模兵戎相见，即使这样，熊还是送出不少情报。周恩来对熊指示，准备长时期潜伏。熊之角色就相当于国共对弈中共产党所下的闲棋冷子，到时自会有用。

军事小天才
Jun Shi Xiao Tian Cai

果如周恩来之所料,对外枪声刚停中原硝烟又起,抗日胜利不足一年,国共之间重开大战。此番开战,要么不打,要打就是有你没我有我没你生死存亡的大决战了。胡宗南是蒋介石嫡系,长期屯驻西北,已发展为拥有几十万军队的西北王。进攻延安中共中央所在地,自是胡宗南承之大任,连带着熊向晖也就真正发挥大作用了。胡部进攻延安前,熊原已脱离胡部,受胡支助准备去美国留学,想不到胡"如同鬼摸了头"又将熊紧急召回帮忙,于是,进攻延安之计划部署悉经熊手转给了延安。兵马未动粮草未行,而一切却已为对手知悉,此仗焉能不败?于是,胡宗南虽占领了延安,却扑进了空城;虽有几十万大军,却找不到对敌之处之机,反被共方吃掉几个旅。毛泽东、周恩来带领中共机关在山沟里转悠,近在咫尺

彭德怀为保卫延安作动员

的胡军却茫无所向。人赞毛泽东"胸中自有雄兵百万",这个百万大兵是应将胡军一起算上的。

事后,毛泽东夸赞熊向晖三人的作用相当于三个师,足见熊等人贡献之大。征诸古今中外间谍史,几乎是绝无仅有之特例。

延安隐蔽战线反特、肃奸斗争

1935年10月,中共中央率红一方面军长征到达陕北。11月5日,西北政治保卫局成立,负责西北苏区和红军中的肃反、保卫工作,首任局长为王首道,1936年2月后由周兴接任。1937年9月,西北政治保卫局更名为陕甘宁边区政府保安处,负责陕甘宁边区的锄奸、肃特保卫工作。在延安隐蔽战线斗争史上,边区保安处发挥了重要作用,成为一把令敌人闻风丧胆的利剑。

在向陕甘宁边区渗透的敌对势力中,有日本特务,也有国民党特务。日本特务机关的主要活动方式是收买中国人,混入边区做间谍,其中有高级间谍,也有低级侦探。1941年冬,一对夫妻从敌占区来到延安枣园,受到中央社会部的接待。

男子张帆是个知识分子,女子田某是个工人,他们原本是苏军情报组的间谍。苏军试图在日军后方建立情报网,要求中共方面提供人选,协助培训外派。这对夫妻经过苏方培训后,被派到敌占区沈阳工作。一天,中社部秘书王初在值班的时候接到《解放日报》寄给中社部一室主任汪金祥的一封信,把张帆投寄的诗稿退回。

王初发现,张帆短诗的内容不过是"我已经到了西北高原,遥望大兴安岭……"之类的话,没有什么特别内容。几天后,中社部又连续三次收到《解放日报》的退稿,内容基本相似。大家觉得很

是蹊跷，于是，中社部派人着手开始调查。从延安到国统区到沦陷区，中社部都建有秘密交通线。中社部沿着这对夫妻的路线查问各个交通站，回电都说，这对夫妻抵达后，就在报纸上发表一篇文章或是一首短诗。发表文章并不奇怪，但是每到一处都如此操作，就像是在通报自己的行程。中社部又询问沈阳秘密党组织，得知这二人返回延安并未经过领导同意，实属擅自行动。

中社部迅速将这对夫妇控制起来，汪金祥和中社部二室治安科长陈龙负责审讯。原来，这二人奉苏军情报组之命到沈阳做情报工作，在杂货店里隐藏无线电台，不料，在发报时被日军发现被捕。日军早想派人打入延安，苦于沿途根据地群众锄奸组织严密，难以实现。现在捉到他们，就决心为己所用。日本特务机关要求他们到延安后长期潜伏，一般不搞组织联络。为了通报情况，只在报纸上发表文章。中社部立即将张帆逮捕，田某坦白后被送到陕北公学学习，后来还入了党。

总的来说，日本特务在延安的活动比较弱，潜入延安的特务主要是国民党特务。

1938年4月，一个来自国统区的教授访问团来到了延安。访问团中有一位叫萧致平的教授，还带了一个名叫沈辉的私人助手。教授访问团一行参观了陕北公学、鲁艺、抗日军政大学等学校，观看了延安留守部队的训练情况。他们还受到毛泽东、周恩来、朱德

等领导人的接见,并合影留念。访问结束后,沈辉要求留在延安参加革命,得到批准,被安排在边区政府教育处普教科工作。边区保安处对他进行了严格的审查,保安处副处长王范发现自称是河南人的沈辉却是浙江口音,但是并未发现其明显的破绽。

其实,这个沈辉的真名叫沈之岳,是军统陕西工作站的特务。他是浙江仙居县人,毕业于南京中央大学,自学过俄语,精通英语,枪法也很准,很受戴笠器重。抗战初期,沈之岳在上海、杭州两地曾诱杀过七八名共产党员。戴笠曾希望派军统陕西工作站站长毛人凤潜入延安刺杀毛泽东、周恩来等中共领导人,但毛人凤认为希望不大,没有答应。沈之岳向毛人凤主动请缨潜入延安,力争刺杀行动成功,让毛人凤喜出望外。为了能够进入延安,沈之岳特地"认真"学习了几本马列著作,能够讲一通"革命理论",装扮成"进步青年"模样。沈之岳为了保护自己,到延安后迟迟不敢与同伙接头。为了不引起怀疑,他没有敢走近毛泽东居住的枣园和中央机关驻地杨家岭。

一天,沈之岳在窑洞前一棵老榆树下发现了同伙送的暗号。随后,他又发现了一张烟盒纸,上面用暗语告诉他,翌日中午到甘泉县杜甫祠堂见面。看完,他立即烧掉纸条。沈之岳颇为狡猾,经过深思熟虑,他决定不去贸然接头,并中断了与同伙的联络。

为肃清陕甘宁边区的敌特组织,周兴他们决心拔出安插在边

区的"钉子"。经过一段时间的侦察,他们发现延安城外的麻家铺有个已还俗的僧人行踪可疑,常不定期地与一名叫谢仁义的小杂货店老板接头。谢仁义则不定期去七里铺乡镇小学,与一个姓张的小学校长接头。为了不打草惊蛇,周兴与王范派出保卫人员对其暗中监视布控。同时,李克农也转告边区保安处,中央军委的电台曾两次截获发自延安城外的可疑电波信号;而绥德县的一个天主教堂附近已测出有敌特的秘密电台在活动。保安处据此分析,敌特很可能在策划一起重大破坏行动,甚至是武装暴乱。

党中央要求边区保安处密切注视敌特动向,把握好动手的时机。王范立即带人前往延安郊区,逮捕了谢仁义和小学校长等7名特务,击毙拒捕的还俗僧人。经过审讯,王范得知特务们与延安城外一股地主武装联合起来,准备策划破坏延安通往绥德的公路,并阴谋伏击八路军后方留守处主任萧劲光一行;他们还计划潜往枣园、杨家岭等地,向毛泽东与中共中央驻地的几口水井投毒,以暗杀中央领导人。已被捕的国民党延长县县长周景龙还供认,军统已派了一名杀手潜入延安,计划杀害毛泽东、周恩来等中共领导人,但此人迟迟没有动静,不知是出了什么差错。

周兴、王范立即采取了果断措施,将边区的特务一网打尽。破案之后,党中央、西北局先后对周兴、王范予以表彰和奖励。在这次锄奸行动中,只有沈之岳因主动中断与其他特务的联系而逃跑。

1964年,在蒋经国的极力推荐下,沈之岳担任国民党"调查局"局长。1995年在台湾病死。

第七节　我国古代的用间战例

早在春秋战国时期,智谋在战争中的运用就非常普遍,古代军事家、谋略家们以"上兵伐谋"为用兵用计的最高境界。上千年来,中国古代战争中的"用间"战例数不胜数,下面就让我们为您在这波澜壮阔的历史大潮中摘下几朵闪亮的浪花。

周瑜妙计安天下

三国时期,赤壁大战前夕,曹操率领号称的八十三万大军,准备渡过长江,占据南方。当时,孙刘联合抗曹,但兵力比曹军要少得多。曹操的队伍都由北方骑兵组成,善于马战,可不善于水战。正好有两个精通水战的降将蔡瑁、张允可以为

石刻:蒋干盗书

曹操训练水军。曹操把这两个人当作宝贝，优待有加。一次东吴主帅周瑜见对岸曹军排阵，井井有条，十分在行，心中大惊。他想一定要除掉蔡瑁、张允这两个心腹大患。曹操一贯爱才，他知道周瑜年轻有为，是个军事奇才，很想拉拢他。曹营谋士蒋干自称与周瑜曾是同窗好友，愿意过江劝降。曹操当即让蒋干过江说服周瑜。周瑜见蒋干过江，一个反间计就已经酝酿成熟了。他热情款待蒋干，酒席上，周瑜让众将作陪，炫耀武力，并规定只叙友情，不谈军事，堵住了蒋干的嘴。周瑜佯装大醉，约蒋干同床共眠。蒋干见周瑜不让他提及劝降之事，心中不安，哪里能够入睡。他偷偷下床，见周瑜案上有一封信。他偷看了信，原来是蔡瑁、张允写来，约定与周瑜里应外合，击败曹操。这时，周瑜说着梦话，翻了翻身子，吓得蒋干连忙上床。过了一会儿，忽然有人要见周瑜，周瑜起身和来人谈话，还装作故意看看蒋干是否睡熟。蒋干装作沉睡的样子，只听周瑜他们小声谈话，听不清楚，只听见提到蔡、张二人。于是蒋干对蔡、张二人和周瑜里应外合的计划确认无疑。他连夜赶回曹营，让曹操看了周瑜伪造的信件，曹操顿时火起，杀了蔡瑁、张允。等曹操冷静下来，才知中了周瑜反间之计，但也无可奈何。

韦孝宽反间计擒大将

南北朝时，东魏大将段琛派遣兖州刺史牛道恒进攻西魏。公元538年西魏韦孝宽派遣间谍深入东魏，秘密地搞到了牛道恒的

手迹和图章样式,让善于模仿笔迹的人用牛道恒的名义给自己写了一封和好的信。又让善于刻制印章的人在信后盖上仿制的牛道恒图章,然后把这封信假作烧残,丢在段琛的营门口。段琛得到这封信后对牛产生怀疑,不再采用他的计谋。韦孝宽趁对方上下离心,内部不和,率军出击,活捉了段琛和牛道恒。

韦皋离间计退敌

公元788年,吐蕃兴兵十万侵扰唐朝的四川西部地区,同时胁迫云南王会同出兵。当时云南王虽然已经表示归附唐朝,可是又不敢得罪吐蕃,于是出兵数万屯驻泸水之北,一边观望,一边准备配合吐蕃作战。唐朝镇守四川的将领韦皋得知云南王这种犹豫心理,决心分化瓦解吐蕃王与云南王的联盟。他用自己的名义写了一封给云南王的假信,称赞云南王背叛吐蕃归附唐朝的诚意,把信用银匣装封,设法使信落到吐蕃人手中。吐蕃王由此憎恨云南王,派兵两万扼守险要,控制了云南到四川的要道。云南王为这事很生气,撤回了支援吐蕃的人马,归附唐朝的决心更坚定了。吐蕃失去云南王的援助,力量减弱了,多次被韦皋打败。

宋太祖计除林仁肇

陈桥兵变后,宋太祖赵匡胤为了统一全国,着手逐步消灭各地的割据政权。对此,南唐后主李煜非常害怕。他为了保持偏安江南的地位,派人去朝见宋太祖,自动削去南唐国号,贬称江南国主,

表示臣服。宋太祖出于全局战略的考虑,同意与南唐和好。此时南唐大臣林仁肇,常想收复被宋朝占去的江北土地。有一次他奏请李煜:"淮南(今江苏扬州地区)宋朝驻兵很少。宋朝前些时候灭了后蜀,现在又夺取南汉,已经是兵马疲惫了,臣愿领兵数万收复江北旧境。出兵那天,大王可以宣称我反叛了,并故意让宋朝知道。这样,成功了是国家得利,失败可杀臣的全家,也不致得罪宋朝。"李煜权衡了双方力量之后,没有听从林仁肇的计谋。宋太祖十分忌恨林仁肇的威名,决心除掉这个灭亡南唐的障碍。公元972年,宋太祖派间谍去南唐买通林仁肇的随从,盗取了林的画像,挂在一间屋内,引南唐的使者来观看。宋人问使者:"你认识这是什么人吗?"使者说:"这是林仁肇。"宋人接着告诉使者:"林仁肇要来投降,先送来这张画像作为信物。"又指着一座空着的公馆对使者说:"这座公馆是为林仁肇准备的。"不久,李煜得到了使者的这个报告,用毒药毒死了林仁肇。三年后,宋朝灭了南唐。

韩世忠用间大胜金兵

南宋初期,高宗害怕金兵,不敢抵抗,朝中投降派得势。主战的著名将领宗泽、岳飞、韩世忠等坚持抗击金兵,使金兵不敢轻易南下。公元1134年,韩世忠镇守扬州。南宋朝廷派魏良臣、王绘等去金营议和,二

南宋名将韩世忠画像

人北上，经过扬州。韩世忠心里极不高兴，生怕二人为讨好敌人，泄露军情。可他转念一想，何不利用这两个家伙传递一些假情报。等二人经过扬州时，韩世忠故意派出一支部队开出东门。二人忙问军队去向，回答说是开去防守江口的先头部队。二人进城，见到韩世忠。忽然一再有流星庚牌送到。韩世忠故意让二人看，原来是朝廷催促韩世忠马上移营守江。第二天，二人离开扬州，前往金营。为了讨好金军大将聂呼贝勒，他们告诉他韩世忠接到朝廷命令，已率部移营守江。金将送二人往金兀术处谈判，自己立即调兵遣将。韩世忠移营守江，扬州城内空虚，正好夺取。于是，聂呼贝勒亲自率领精锐骑兵向扬州挺进。韩世忠送走二人，急令"先头部队"返回，在扬州北面大仪镇（分江苏仪征东北）的二十多处设下埋伏，形成包围圈，等待金兵。金兵大军一到，韩世忠率少数兵士迎战，边战边退，把金兵引入伏击圈。只听一声炮响，宋军伏兵从四面杀出，金兵乱了阵脚，一败涂地，先锋被擒，主帅仓皇逃命。金兀术大怒，将送假情报的两个投降派者囚禁了起来。

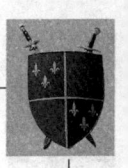

第五章 常见的间谍武器装备

训练有素的间谍除了具备专业技能以外,与普通人并没有区别,不会有什么"特异功能",但他们为什么能够在困境中屡屡化险为夷,为什么能够在戒备森严的敌人眼皮下获取机密情报呢?很大程度上,恐怕要归功于间谍们非比寻常的武器装备。在激烈的间谍与反间谍的较量中,往往谁拥有先进的技术和武器装备,谁就能占领情报战线上的制高点,各国无不把自己最新的科技成果用于情报机构。

第一节 伪装巧妙的间谍配枪

电影中神通广大的间谍们个个都风流潇洒,衣着得体,看不出

军事小天才
Jun Shi Xiao Tian Cai

另一种较量——战争中的间谍与反谍

他们的杀人武器藏在什么地方。其实,这里面包含着很高端的技术。以间谍配枪为例,他们的枪都是特制的,不仅制作精致,还常常伪装于极为普通的生活用品中,随身隐蔽携带,如女士提包、相机、望远镜、手机等。

有谁会想到,香烟也会射击杀人呢?二战时期,英国战略战役局就做到了。他们研制出了一种"香烟手枪",枪管长76毫米,口径4.5毫米,里面可以装箭状钢子弹、火帽,其后是弹簧加压撞针,这一切都卷成烟纸形状,后面用过滤嘴,前面用一层燃烧的烟草伪装。看上去,整把手枪就像一个已经点燃的香烟,可以非常自然地拿在手中。射击时,只需折下过滤嘴,拔出导线保险销,用手指按下发射按钮即可。英美间谍还使用了一种伪装成豪华雪茄的22毫米单发间谍手枪,通过特殊的滑动按钮解脱保险,击发撞针,一枪致命。当然,这种豪华雪茄可不能当烟抽。同样是在二战期间,英国特种作战局还在实验室里研制、生产出了约100支"钢笔手枪"。

在间谍武器的研制方面,英国做出了很多重要的尝试,可谓功不可没。在情报大战中,各国当然不甘落后,继英国之后,他们也陆续研制出了各种不同的伪装武器。比如,法国人研制的可射击的戒指、手杖;德国人发明的内有MP5K轻便

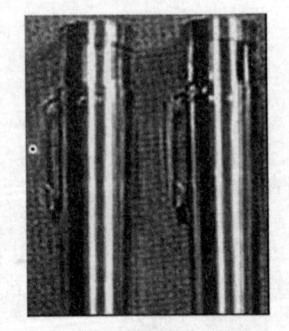

钢笔手枪

式机枪的射击手提箱，外表看起来和普通手提包没有多大区别，里面却装着枪械设施，并带有消音筒。这种枪在箱子的提手下面有一个铜指环。

警方查获的钢笔枪

只要扣动铜环，便触发杆启动扳机，子弹就会从箱子的小孔里射出去，而且声音很小，一般不易觉察。

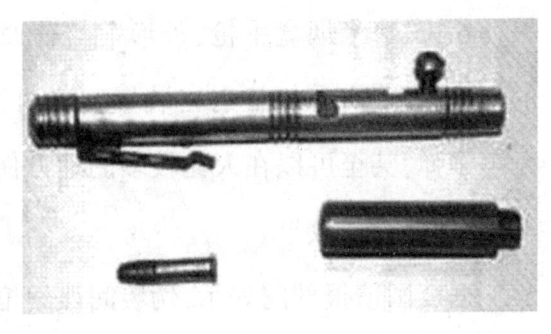

前苏联和俄罗斯在伪装间谍用枪的研制方面也有着悠久的历史。早在1782年，图拉武器制造商就曾为叶卡捷琳娜女沙皇制造了墨水瓶枪、烛台枪。1955年，苏联著名的武器制造专家斯捷契金

22克拉戒指手枪

为间谍部门制造出了ΤΚΒ–506Λ型3管烟盒手枪，内部装配有3个枪管，使用9×18ⅡM子弹，锁簧键式击发装置。这种烟盒非常逼真，可以像打开真烟盒一样，伸到对方面前，一击致命。为执行特种任务，格鲁乌（军事情报总局）的间谍还使用

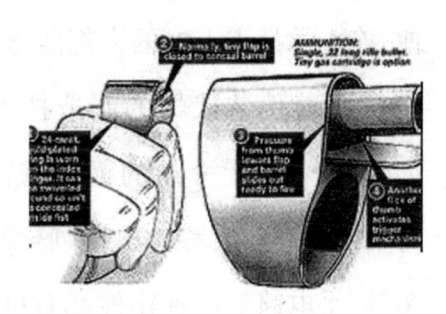

内有MP5K型轻机枪的手提箱式间谍武器

115

一种 6.35 毫米烟盒手枪，外形上与普通烟盒完全相同，里面装满的却是假烟，内有 4 管射击装置。这两种烟盒手枪全部使用特制无声子弹，甚至可以在人比较多的地方使用，一些子弹上还涂有毒药，以确保杀伤效果。

据英国情报部门表示，伪装间谍用枪杀伤半径极其有限，一次最多发射 4 颗子弹。但是，无论如何，这些武器通常都在近距离内使用，仍然是非常致命的。间谍用枪除了具有使用隐秘、近距攻击、一枪致命等威胁外，还有一个致命危险就是操作简单，使用方便，连小学都未上过的人都能迅速熟练掌握。

随着伪装武器的制造技术的发展，如今，除了以上介绍的钢笔、铅笔、烟盒、打火机、戒指外，移动电话、唇膏、腰带扣、坠链、手电筒等各种物件都有可能射出致命的子弹，在间谍们的配枪世界里，真可谓是形形色色，无奇不有。

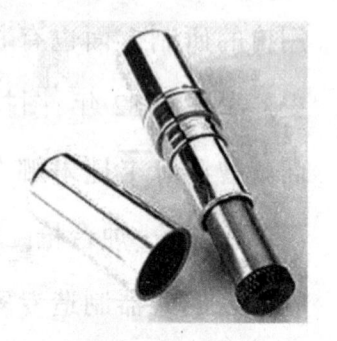

唇膏手枪

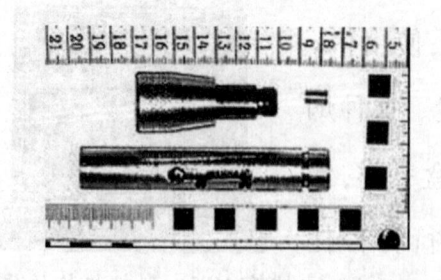

手电筒式伪装手枪

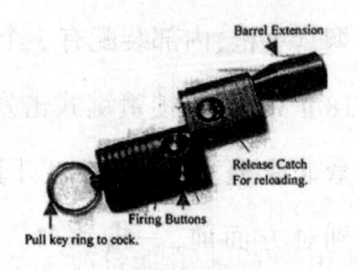

坠链手枪

007间谍使用的欧米加手表激光枪

第二节 复杂神秘的密码机

　　间谍的通讯联络是极为保密的,多数情报信息都要经过技术加密处理,因此不可能用人人皆知的明码(例如国际通用的莫尔斯电码),所以就有了密码(暗码)和"密码电台"的产生。

　　"密码电台"指的是按照一定程序为信息加密或脱密(指接收到后译码)的电气通信设备。在第一次世界大战中,谍报通信专家发明了密码电台,但还属于较简单的,很容易被对方截获后破译。不久,一位德国电气工程师从一个荷兰人那里买来了较复杂的密码电台专利,并通过改进革新,发明出了著名的密码电台——"恩尼格玛密码机"。它由一个用于输入明文的打字键盘和一个用于

输出密文的字母显示灯盘组成,其核心部分是3个用橡胶或胶木制成的,直径为6厘米的密钥轮(密码钥匙转动轮)。用密钥轮可以构成一个电的迷宫,转动3个密钥轮,就可以把一个字母转换变成另外一个字母。比如,"Good by"这句话中的6个字母,通过转动密钥轮,可以变成"OIIB WA",这就是"Good by"这个明文的密码。密钥轮可以任意转动进行编制密码,能够编制出各种各样保密性相当强的密码。

"恩尼格玛密码机"刚问世,其销路并不好,但是它立刻被德国海军谍报部门看中,并迅速装备了一支秘密部队,这也是当时用密码作业的第一支部队。随后,英国、法国、意大利和美国的军队也先后装备了这类密码机,并在第二次世界大战中发挥了巨大的作用。此后,又出现了许多"恩尼格玛密码机"的改进型机种。瑞典的哈格林研制出来了"哈格林密码机"。它有6个鼓轮转盘,可以产生101405850个加密字母而且没有重复,这个数字要比有5个密钥转盘的密码机大10倍。哈格林带着这项设计图纸和样机,远涉美国去推销,得到了美国军方的肯定,一下子就定购了14万部来装备各通信机构,美国谍报机关也把它叫做M209转换机。

右图显示的密码机显然因为体积较大,是不便于随身携带作业的。随着科

密码机

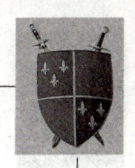

技的发展,特别是自半导体发明以来,密码的种类便飞速发展,密码电台的体积也不断缩小,伪装性能也越来越好,精度也大为提高。

现代密码电台种类很多,根据用途和使用条件大体可分为3类:第一类是"便携式密码电台",重量从200克到几千克不等,功率约为零点几瓦至几瓦,体积小是必须要求,以便于背负和挂带。第二类是"移动式密码电台",被安装在小型车辆中,功率约几瓦至几十千瓦,由操纵台、遥控设备、配电盘和终端报话机等组成,可以同时用不同的频率和天线进行发射和接收。第三类是"固定式密码电台",用于长途军事或谍报通信,这种类型往往在间谍总部用得多,它可以被组合成一个无线电收信和发信中心。

除了以上三种类型,其实根据不同的功能要求,各国情报部门还制作了一些特色的密码电台,下面就介绍几种奇特的密码机:

助听器式收发报机——它可以被间谍们随意地装在西装上衣口袋里进行收报和发报,它有两个极小的收音器,用来塞在耳内收听,发报机上的天线就是钢笔上的别卡,可以很方便地别在衣袋上。

钓鱼竿收发密码机——它是用一根放在水中的钓鱼竿来充当天线发射电信号的,而距离它几千米以外的另一名间谍也可以用一根同样的"钓鱼竿"来接收并录制电信号,然后通过译码再翻译

出电文内容。

卫星短波收接密码机——这是一种在东西欧常用的"格隆迪希牌卫星短波收接密码机"。它是一个灰色的小金属盒,体积为22.9厘米×14.4厘米×5.1厘米,天线可以拉出14.4厘米,顶上有10个方形的显字格。只要把收接机调到指定的频率上,在预定的时间里,莫斯科间谍电台发出声音电波,使显示格一个接一个地亮起来。

自动发报引爆密码机——这是一种保障谍报人员人身安全和保证高技术和密码程序不被泄露的密码机。发报人员只要事先把情报编成密码存入发报机内,拨好发报的时间就可以离开了。发报机到了规定的时间就开始自动用密码发报,发完电报后就会自动爆毁。

小型卫星密码步话机——仅11.3千克重,可以背着走,通过头顶上的一颗地球同步卫星,就能与世界上任何一个间谍卫星接收站进行数字化通话和情报数据的密码传输。

这些密码电台都可以与太空中的间谍卫星进行联络,然后可以通过间谍卫星来与天各一方的间谍电台进行密码通信。

当然,有了加密专用的密码电台,就一定会有解密专用的设备,那就是"破译机"了。

1940年7月,德国空军司令戈林下达一项绝密命令:准备大举

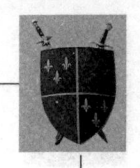

空袭英国,进而派遣陆海军攻占英国。但出人意料的是,英国首相丘吉尔对此做出了迅速反应,他向全世界宣告:英国将在海滩上,乃至城市的街道中抗击并打击德国人。戈林大为吃惊:绝密情报怎么会如此迅速被英国人获悉?这个疯狂的纳粹头子怎么也想不到,在英国海滨边一个叫"布雷契莱"的小庄园里,有一支当时世界上技术力量最强大的破译机构,还有一台当时最为先进的电子破译机,就是它让绝密命令最终成为公开的秘密。1943年底,布雷契莱庄园又运来了一台可以任意编写程序的电子计算机,它的信息储存容量很大,不仅能够用来破译德国"西门子"的保密电传打字机的密码,而且破译的速度也大大快于以前的破译机。

　　利用破译机掌握重要情报而影响战争胜负的战例有不少,但著名的要数二次大战时期的美日海军中途岛大战了。当时,日本海军把美国海军打得节节败退,日本海军联合指挥官山本五十六又密令对中途岛的美国舰队实施一次毁灭性的打击!这封密码电报被美国海军作战情报团截获,情报官罗奇福特开动了一台"IBM密码破译机",把日本海军有45000个码组和50000个加密码组的"JN25密码"输入"IBM破译机"中,经过运算,把这份破译的情报记录在穿空卡上,情报是这样:大日本海军将袭击AF。但"AF"究竟是指什么地方呢?他分析很可能是指中途岛,为了证实这点,他耍了个花招。他故意让美国在中途岛上的驻军用已经被日本人暗

中破译的密码(这一点美军已知道,但依然佯装不知),拍发了一条中途岛缺少淡水的电文。果然在两天后,日本海军总部向各舰队发出了一封电报,罗奇福特赶忙把这条截获的电文立即输入"IBM破译机",破译出来的情报是:AF缺少淡水,有利我军偷袭。AF果然是中途岛!几天后,美国空军出其不意地起飞"地狱式"俯冲轰炸机,把几千磅等级的大量炸弹倾泻到日本正准备突袭中途岛的军舰上,一举炸沉了4艘主力航空母舰,使日本海军陷于瘫痪。

　　破译密码也并非仅仅只靠破译机,关键是有了先进的破译机,还需要操纵破译机的人员必须拥有较高的智慧和极其清晰的头脑,根据具体的截获电波,运用合理的程序和方法进行多渠道的破译试验。比如有的密码它的密钥量很多,保密性和保密时间也很高、很长。这就好比找钥匙开锁,从10万把各不相同的钥匙中去找出一把合适的开锁钥匙,所花的时间要很多很多,而且成功的希望也没有完全把握。根据现代密码的一般情况,战略保密级的密码最低的30密钥量为10,假定破译机的破译速度为每秒1亿次,那么也要用100万亿年才能将它破译。因此,破译密码就不能完全按部就班,而应当采用像罗奇福特那样一些巧妙的方法来快速准确地破译敌方电文。

　　当电子计算机(尤其是巨型计算机的相继问世)被应用到破译技术领域之后,密码破译机的发展速度大大加快了。如美国的"依

利阿克 4 型"（ILLIACIV）巨型机每秒运算速度为 1.5 亿次；"克雷 I（Crayl）"巨型机每秒运算速度达 8 亿次；1983 年，美国又推出了每秒运算 160 亿次的巨型机——赛伯 Plus。由于巨型机运算速度快，存贮容量大，记忆力强，功能多，它在各类情报的搜集、综合、分析处理和截获并破译各类密码方面均发挥了重大的作用。

第三节 间谍"顺风耳"——窃听装置

窃听器被称为间谍的"顺风耳"，也被称为"第三只耳"，它们身手不凡，各具特色，是谍报人员获取声音情报的主要工具和手段。

最早的窃听器是我国在 2000 年前发明的。战国时期，《墨子》就记载了一种叫"听瓮"的装置，它用陶制成，大肚小口，把它埋在地下，并在瓮口蒙上一层薄薄的皮革，人伏在上面就可以倾听到城外方圆数十里的动静。到了唐代，又出现了一种"地听"器，它用精瓷烧制成，形状犹如一个空心的葫芦枕头，人睡卧休息时，侧头贴耳枕在上面，就能清晰地听到 30 里外的马蹄声。北宋大科学家沈括在《梦溪笔谈》中介绍了一种用牛皮做的"箭囊听枕"。他还科

学地指出，"箭囊听枕"之所以能够听到"数里内外的人马声"，是因为其"虚能纳声"，而大地又好像是一根"专线"，连接着彼此两个地点，是一种传递声音信号的媒介。在江南一带，还有一种常用的"竹管窃听器"，它是用一根根凿穿内节的毛竹连接在一起的，敷设在地下、水下或隐蔽在地上、建筑物内，进行较短距离的窃听。

然而，自1876年有线电话问世以后，这些使用了几千年的原始窃听器，才渐渐退隐出了间谍舞台。现代的窃听器，主要是由本世纪的电子技术发展而来的，并且不断地微型化和精密化，灵敏度极高，十几米外的窃窃耳语或"沙沙"的写字声音也都难逃它的"耳朵"。

窃听器在情报工作中被应用的如此广泛，可谓无孔不入，防不胜防。1964年春天，美国驻莫斯科大使馆来了一批神秘人物，他们挖壁拆墙，把个大使馆几乎翻了个个儿，这些人不是建筑修理工，而是反窃听电器专家。经过他们大海捞针一样地仔细搜寻，终于在第8、第9和第13层楼每个房间的内墙里，挖出50多只窃听器，这些加上以前所查获的，总数达到近200只！它们是苏联在1953年为修建和加层美国使馆时偷偷安装的，埋设方式极为隐蔽，既不易被肉眼发现，也不会被探测器检查出来。就这样，克格勃窃听了许许多多美国的高度机密，窃听时间长达10年之久。美国中央情报局也不甘示弱，专门组成了一支约100多人的技术队伍，代号为

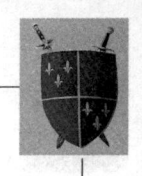

"D师"。这支"D师"专门负责安装电话上和建筑物内的窃听器，从这个国家到另一个国家，几乎装遍了欧洲各主要国家的政府办公楼。

从这个故事中，我们不难体会到窃听器在情报工作中的重要角色和作用。那么，窃听器分都有哪些类型呢？从应用的场合来分，可以分为室内窃听器和户外窃听器。

室内窃听器是从"挂钩话筒"发展而来的。它是一个由固定在金属钉子上的窃听器做成的。这个钉子可以毫不费力地钉入墙壁、地板或天花板。这样，墙壁、地板和天花板就成了声音的导体和共鸣体，窃听器通过钉子就可以收到声音的振动，经过转换成电波，再通过导线就把声音信号传到外面的窃听放大装置上去了。

户外窃听器，也叫远距离定向麦克风窃听器，是一种专门的远距离窃听传声筒。一般常用的有"枪型窃听器"、"抛物面窃听器"和"喇叭窃听器"等。

其中，"枪型窃听器"又可以分为"机关枪窃听器"、"伞枪窃听器"和"鸟枪窃听器"。它们外形像枪支，可以听到几百米甚至几千米远的选定的声音。它们有一个共同特征，即在长长的枪管上有规律地布有许多小孔，枪管的尾部都装有一只特制的"微音器"。当要窃听时，就把枪管正前方对准窃听对象，这样，经过小孔进入枪管的声音就会在微音器处得到互相增加，而当无关的声音从枪

管的上下左右传来时，一经过小孔进入枪管就会被立刻抵消掉。

英国情报局曾逮捕过一对"恋人"。这对"恋人"被逮捕时，严厉地责问凭什么证据抓他们，情报官拿出了一只微型录音机，放出了一段他俩从事颠覆破坏活动的谈话录音。这对"恋人"大惊失色，因为这些谈话是他们在一艘小船上秘密谈话的录音。原来，当他俩像热恋的情侣在白色小划艇上相互传递情报时，在湖边的一片灌木丛中，有一支乌黑的"鸟枪"架在三脚架上，正对着他们。

"抛物面窃听器"和"喇叭窃听器"比"枪型窃听器"效用功能更高，它们往往体积较大。"抛物面窃听器"是在一个三脚架上装有一个抛物型的大圆盘，圆盘的中心突出物是一个微音器，犹如一个小型的卫星伞形天线。当抛物面对准窃听对象时，声波从正前方传来，经过抛物面反射，集中到了抛物面的"焦点"——微音器上，再由导线通往电子放大器，传输给录音机或耳机。"喇叭窃听器"的外形和扩音大喇叭一样。因为喇叭口的形状是具有声学原理的，它能够集中把声音传送到很远的距离。但是，这种窃听器的作用与用喇叭放音的作用相反，它不是放出声音，而是把远处的声音"接收"进来。有时为了提高拾音效果和辨别窃听对象的准确方位，也经常在两处或多处安放"喇叭窃听器"同时监听。更有甚者，有的谍报部门为了大面积、多纵深地窃听，就把几十只特制窃听喇叭排列在一起，组成一只"喇叭阵窃听器"，大大增加了拾音效果。

但是由于目标太大,不便于灵活机动和隐蔽,所以一般多设置在边境线的哨所内或间谍汽车上。

目前世界各国间谍战中使用的窃听器往往是自动控制的,无需专人操作看管。自动控制的窃听器由后置放大器,录音机和复杂的电路,控制开关组成。录音机则采用声控式自动录音机。在自动录音状态下,窃听器中的录音装置放大器是一直通着电源的,当窃听到声音时,声控放大器立即把声音放大,这样就使声控器打开了自动录音机,录音机便转动磁带进行录音;但当窃听的声音停止了,声控放大器就失去了额定的电源,几秒钟后就回复到原来的通电准备状态。周而复始,不必人为管理,只需到时取下录满窃听声音的磁带重新放音认听就行了,非常方便,也十分安全。

近年来,又有一种利用大型高速电子计算机储存器的"超级窃听器"出现。它能够自动监听100万门同时使用的电话。如果电话里出现"炸弹""谋杀""军事基地""政府文件""枪支""海洛因"等预先设定好的字眼,它就会进行自动扫描,把带有这些字眼的话录制下来,并能迅速地用数字显示器显示出这些电话的具体使用时间、地点、账号户主和电话机号码,甚至还可以自动查出给它打电话的人所使用的电话机号码。

如果根据窃听器的原理分,可以分为有线窃听装置和无线窃听装置。

有线窃听装置,顾名思义是需要有线线路来传输情报信号的。较早的有线电话窃听器是东欧国家生产的"F电耳"。通过改进,可以制成一只与电话筒上送话器一模一样的电话窃听器。要用时,只要取下正常的送话器,换上有窃听装置的送话器就可以了。

70年代末期,谍报技术专家在研究中发现,一台通话完毕后挂好了的电话,它的话筒仍然不断通过电话线发射出很微弱的脉冲,经过技术处理,可以把这些脉冲隔断并转变成声音。因此,只要在对方已经搁断的电话机的电线上,连上一个先进的"脉冲声音转换器",那么,普通电话的话筒也就成了一只"窃听器"了。

1985年秋,一艘载有许多美国人的客轮在埃及港口被恐怖分子劫持,美国国家安全局为了详细地了解埃及当局与劫持分子的谈判情况,竟在埃及总统办公室的电话上安装了窃听器,美国间谍头子听着从窃听器里传来的清晰的声音,高兴得大叫:"真是太棒了!"一报还一报,一些国家的谍报人员也在美国政府的许多重要部门安装了窃听器。所以,美国参议院情报委员会主席设下一条不成文的规定:每过两个星期,必须在办公室里进行一次彻底的"大扫除",看有没有窃听器。有一次反窃听专家在他的电话机里发现了一只电子窃听器,还连着一根电线,但怎么也找不到这根电线是通向哪里的。另一次他又发现他家的沙发里有一只微型录音机,不知是何人何时安放在那里的,真叫人胆战心惊,防不胜防!

近来又有一种"微型无声自动录音电话窃听器"。它是由两根带金属细针的电话窃听头和音频放大器、微型自动录音机两大部分组成。把细针插入电话线内或电话分线盒的接线柱上，就能利用电话线上的电源将音频放大，并启动和关闭自动录音机。这类录音机的开与关不是采用机械式的，而是用电子脉冲进行控制，因此根本就不会发出任何声响。

因为这些窃听器需要专门的导线连接，安装起来不方便，也容易被人发现。于是窃听专家巧妙地设计出了一种"电源插座载波窃听器"。它和普通电源插座外表相同，但内侧却装有高灵敏度的窃听装置。当这个窃听器窃听到声音时，就会产生一种"载波信号"，然后利用通向外部的电源线，把声音信号传输出去。这样只要在电源线的任何一个部位接上一个"载波接收机"，就能进行窃听了。这种窃听器不需要专门的导线，也不需要专门的电源，它妙就妙在利用电源线作为窃听信号导线，也利用电源线上的电源作为窃听器的供电，这样只要窃听器本身不损坏，就能长久地使用下去。

无线窃听器，是应用无线电技术窃取情报的。无线窃听与有线窃听不同，它并不需要专门的金属导线把窃听信号传递出来，只要在窃听器里加装上一只电波发射器和一根发射天线，就能从空中把窃听信号发射出来。但是，必须在电波发射的覆盖范围内用

一只相应频率的无线电接收机来接收这些电波信号,才能完成窃听。因此,也有一些窃听专家把它叫做"空中信使"。

1895年5月7日,在俄罗斯彼得堡物理化学协会物理学部年会上,著名科学家波波夫正在表演他发明成功的一架无线电接收机,使在场的人们大开眼界。一年后,他又在彼得堡做了距离约为250米的无线电实用表演,轰动了整个世界。从此,无线电技术就广泛地被运用到各个领域中去。

最早把无线电技术运用到间谍窃听中的是英国人。1914年夏天,正值第一次世界大战之际,在法国北部的一座幽静花园里,停着一辆毫不起眼的马拉"大篷车"。可是,这辆车里却安装着当时英国军事情报局最先进的矿石无线电收报窃听机,用它来窃听邻近德国军队的无线电联系讯号。由于矿石无线电的窃听距离有限,后来又设计出了一种电子讯号放大装置,这就是电子管,使得电子窃听技术有了重大的突破。下面介绍几种常见的无线窃听器。

蝎式窃听器——到了50年代,一种名叫"蝎"的微型无线电窃听器问世了。它的体积比火柴盒还小,可以用气枪将它发射出去,黏附在任何建筑物的外壁,像蝎虎吸附在墙上一样,能清晰地窃听到室内的每一种细微声响,并将这些声音转换成电波,经过放大电路,再用超短波发射出去。而在8千米直径范围内的超短波接收

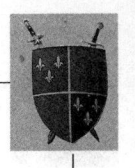

机就又可以把这些电波记录下来,并用解码打字机把窃听到的内容打印出来,形成文件。"蝎式窃听器"在当时是情报机关的"秘密武器"和从事间谍活动的"杀手锏",它曾安装在许多国家政府的重要机构中。

"K9"窃听器——"K9"窃听器是"蝎式窃听器"的改进型,其体积只有"蝎"的1/3,直径仅1.3厘米,但它的拾音效果却增加了一倍。后来经过不断改进,"K9"的最小型窃听器已缩小到只有大头针一样的体积了。以至于可以把它安装在各种挖空的家具脚或物品中,到处布下"竖起的第三只耳朵"。因为"K9"的无线电发射范围较小,一般只能在发射点的1/4千米内接收其电信号,所以,又产生了一种新型的"K9R"窃听器。它的发射范围较大,在窃听到声音时,针型拾音器会自动把电信号放大增加,使电信号的发射传播范围大大增加。

子弹窃听器 80年代初,一种极先进的"子弹窃听器"问世了。它的外形与普通子弹没什么两样,但是它的弹壳内却装有一个超微型的超高频收发射器。用微声冲锋枪把它发射出去,然后带上超高频电子接收耳机,就可以听到远处敌人的对话。为了更远距离和大容量地进行窃听,可以把它改装成"炮弹窃听器",用炮发射到敌方的纵深地。外军曾经在一次军事演习中,用这种刚刚试制出来的子弹窃听器,非常清楚地听到了隐藏在远处空山峡谷

内伏兵的低沉对话。

前西德RK电子器材公司也生产销售一种可以用枪发射的"高性能无线电窃听器"。它约6克重,与一颗水果糖相仿。如果在它外面裹上一层橡皮胶泥,用枪把它发射到所要窃听的地方去,就能在远距离外接收到它的电信号。从它的外表上看,就好像西方人爱吃的一块口香糖胶块,决不会引起怀疑。它的能源也是很先进的,一节米粒大小的1.5伏纽扣电池能够供窃听器连续工作12小时以上。

灵敏耳——这是由英国谍报技术专家研制出的无电源窃听器。它只有酒瓶盖儿大小,内部却装有一只特殊的微型圆盘。只要在1.6千米外的地方,用一种高功率发射机发射出强大的电子波,就会使微型圆盘发生敏化

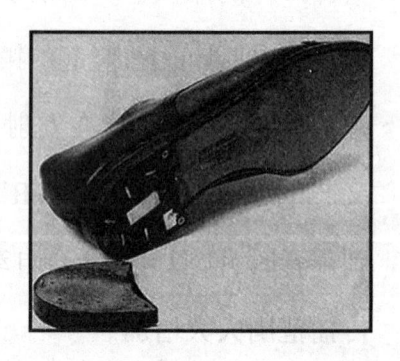

皮鞋窃听器

作用,这时,圆盘便产生微弱电流并能发出窃听到的声音的电子波,在远处的高功率发射机上装有的一只高强度接收机,就会接收到圆盘发出的电子波。"灵敏耳"的优点是无需直接电源,这样它的使用寿命就会大大延长。

窃听器的电源一直是窃听技术专家研究攻克的难题。目前的窃听器大约有6种供电形式。一是本身携带高性能耐用电池;二

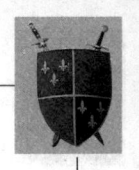

是利用电话线和电源线上的电源；三是太阳能光电池；四是利用人的体温做电源；五是利用震动产生能源；六是利用无线电广播信号做电源。为了节省窃听器的能源消耗，可以在窃听器上装上特殊的附加设备，比如：装上声控器来节电。有声音时耗电，无声音时基本上不耗电。也有的装上一只"信号快速突发器"，它能把几分钟的窃听电信号在3秒钟内全部一次性发完，大大减少了耗电量。

因为这些窃听器具有体积小、重量轻、性能高、电源使用时间长等特点，所以间谍技术部门就把它们隐藏到各种日用物品之中，然后把它们像"瘟疫"一样撒到各地去。

其实，窃听装置跟前面提到的间谍武器一样，是需要被伪装的，这样才能不易被察觉和检测到。下面我们来介绍几种比较有特色的窃听器。

皮鞋窃听器——这跟一个故事有关。1969年春天的一个清晨，美国驻某国大使馆的一名保安军官正在摆弄一台特制的收讯机，当他信手旋到某一个频率时，突然，他从收讯机中听到了大使和另一名外交官的交谈声。这名保安军官大吃一惊，他急忙走进大使的办公室，用手和眼神示意他不要慌张，并递给大使一张纸条："请你说着话走出办公室，但要小心你说话的内容，因为你的声音正在被窃听。"大使一见纸上写的话，也很紧张，但还是边说话边走出了办公室，可是收讯机里仍然传来大使的谈话，这证明窃听器

军事小天才
Jun Shi Xiao Tian Cai

另一种较量——战争中的间谍与反谍

不在办公室里,而是在大使的身上。保安军官把大使的随身物品和衣服的里里外外全都检查了一遍,还是没有什么发现。最后示意大使脱下皮鞋,终于在左脚的鞋后跟里发现了一只发射力很强的"K9R"窃听器。一追查,才知道这只皮鞋曾由大使馆里的一个"女佣人"拿去修理过。在"修理"过程中,鞋后跟被剜开,装进了一个重量不到5.7克的大功率窃听器,鞋跟上还挖了一个小孔,使窃听器的麦克风头露出来,在另一个小洞里插着一根钢针。这样,只要"女佣人"在夜里把针拔出来就关闭了窃听器,而早上在大使起床前把钢针一插进去,就又开启了窃听器。这就是闻名谍报界的"皮鞋窃听案"。

磁性窃听器——1973年,中东"十月战争"爆发前,埃及情报局研制出了一种"磁性窃听器",并派遣大量谍报人员到前线以色列驻军地去安装。其中一名最年轻的是15岁的少年,他以卖蛋为掩护,把7只装有小型发射机的"磁性窃听器",悄悄地安装在以色列阵地的哨所和指挥官的房间里,他巧妙地把这些窃听器都吸附在各

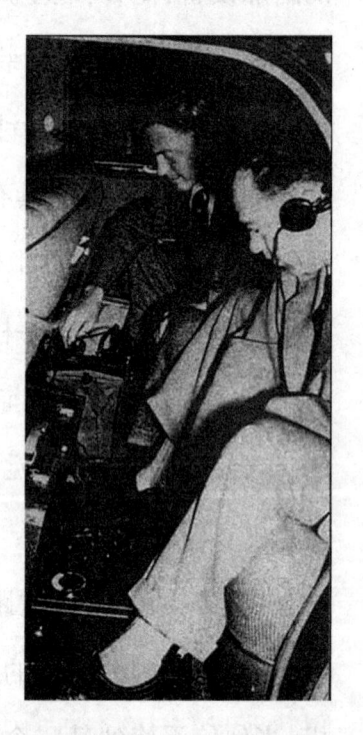

冷战初期的照片,在西德柏林的世界情报密探正在轿车里用隐形麦克风监听谈话

种铁器下,从而在战争爆发后,埃及情报部门根据这些"磁性窃听器"发回来的情报,轻而易举地全歼了据点的守敌。

针状微型窃听器——前美国中央情报局长凯西就极其喜欢使用窃听器,甚至亲自出马偷安窃听器。他竟然在到国外进行礼节性访问中,会把一个个长柄"针状微型窃听器兼发报机"插到该国高级官员办公室的沙发坐垫中去,有时则把装有极薄型窃听器的精装书籍,赠送给别人。

乳头发射窃听器——美国中央情报局曾研制出了极为逼真的"乳头发射窃听器"。这种窃听器很薄很薄,只有几个微米的厚度,用橡胶片做成类似乳头形状的假乳头。里面装有集成电路发射器和传送器,橡胶片乳头上有几个很细小的微孔,传送器在接收到声响后就利用体温做驱动电路的能源,把电信号发射到数百英尺以外。把它装在人体乳头上,丝毫检查不出有什么异样的地方。

间谍苍蝇——"间谍苍蝇"的直径只有0.25厘米,可以装在活的苍蝇背上。在窃听前,先让苍蝇吸口神经毒气,然后通过钥匙洞通风设备,把苍蝇送进戒备森严的各类机密房间内,当苍蝇飞进去后,就会毒性发作死去,但是,它背上的窃听器却"活"着,正把各种声音源源不断地发射传递出去。即使有人发现了死苍蝇,也决不会怀疑什么,更不会去拿起苍蝇看个究竟,最多把它扫进垃圾箱罢了。

钢笔窃听器——"钢笔窃听器"设计得颇为巧妙,摘下笔帽套在钢笔的尾部,笔内的接收器、扩音器和发射装置就开始工作了,一拔下笔套便又停止了,谍报人员常常就在现场拿穿着它执行任务。

这些超小型大功率窃听器常常安装在门框、窗档、桌、椅、沙发腿、衣帽架等建筑物和家具中,更多的是安装在空调器、台灯座、计算器、花瓶、窗帘、烟缸、玩具、提包、首饰、打火机、信用卡、贺年卡等小日用品中。不过,它们一般只用于短距离和小范围的窃听。近几年来,巨型远距离大纵深的窃听装置得到了谍报技术部门的高度重视和大力发展。

美国驻前苏联大使馆在九层大厦内部和屋顶上就装有远距离尖端电子窃听器。这个窃听装置灵敏度极高,曾经窃听到前苏联共产党总书记勃列日涅夫预定晚餐的说话声。设在土耳其的美国间谍监听站,也清晰地窃听到前苏联宇宙飞船遇到故障时宇航员与前苏联总理柯西金之间的谈话。一名前苏联克格勃的高级将军曾指责美国的谍报机构用窃听器包围了前苏联,他指出了在土耳其、联邦德国、伊朗、巴基斯坦、南朝鲜、日本、阿拉斯加、加拿大和格陵兰岛等地的美国庞大窃听网,都在对前苏联国土进行大面积、多纵深、远距离窃听。

美国拥有窃听前苏联电信号的磁带约有十几吨之多,而前苏

联对西欧各国的窃听密码磁带也长达十几万千米。美国根据各地窃听站的情报，每天编成一份绝密资料，送呈白宫供总统参考，这就是《总统每日简报》。前苏联也是定期把窃听到的情报选编成简要文件，供前苏共中央政治局和中央委员会传阅。

尽管前苏联强烈谴责美国的电子窃听活动，但是前苏联对西欧的窃听丝毫不亚于美国。前苏联在美国旧金山市内地势最高处建有领事馆。在领事馆楼上一间神秘的"黑屋"里，有许多先进的电子窃听器正对准美国最先进的科学实验基地——硅谷。在首都华盛顿，当时的美国国务院竟同意前苏联大使馆建在首都最高处的阿尔托山上。前苏联就安装了庞大的电子窃听网，来监听和录制美国政府中的一些最敏感部门的所有电话通信信号。特别值得提到的是一种"自动跟踪窃听监控器"，它也是安装在大使馆内一个没有窗户并设有隔音设备的"黑屋"里，专门自动跟踪收录以456这3位数开始的电话号码机的电话通讯。因为美国白宫的电话号码是：456—1414。这个"自动跟踪窃听监控器"就把凡是456开头的电话通讯都录制下来，通过电脑系统分程传到莫斯科的克格勃电脑接收终端，再进行密码破译。

各国的谍报技术部门都十分重视把最新出现的高科技运用到制造间谍武器上去。

近年来，窃听专家发明了一种简便高效的窃听器，叫"串音窃

听器",专门用来窃听电话线中的谈话电波。它是利用两根有1米左右平行的线路进行窃听。把这个"串音窃听器"装在其中一根线路上,就可以听到与这个线路并不相连的另一条线路中的电话。这种"串音窃听器"在间谍战中运用极广,以至许多西方国家的政府机要部门不得不在许多电话机上贴有一个标志:"此电话不安全,不得谈论机密"。或者在房间最醒目处,钉上一块烧瓷牌,上面写着:此处无加密设备,严禁谈及国家秘密!

还有一种最先进的"地面传感窃听器",它一般是由探测器、信号处理电路、发射机和电源四部分组成。它可以探测到声响、振动、磁性、气味、干湿度等信息,用发射机把这些信息发射到远处去。80年代末研制出来的新型"传感窃听器"叫"伦巴斯"。它不仅具有声响、震动、磁性、气味等传感功能,而且还有压力信号和红外感测等传感功能,能够多渠道地窃听到各方面的高度机密。在一项代号为"摩擦颈部"的窃听行动计划中,中央情报局的技术工厂制造了一根假树枝,表面用真的树皮裹好,在树枝中安放着一个尖端电子传感探测器,准备暗中派遣间谍把它安装在东欧某地前苏联空军基地外面树林的树上,用来搜集最新式的前苏联"米格"式雷达的各种信息。

第四节　间谍的"千里眼"——照相机与远视仪

照相机和远视仪对谍报人员来说，是不可缺少的帮手，他们必须通过这些先进的装置来获取图文信息，如果说窃听器是"顺风耳"，那么，照相机和远视仪就可以称之为"千里眼"了。

照相机，我们并不陌生，但是谍报人员使用的和日常的却不一样，它们更具专业性、隐匿性和实用性，也包含了各种高端的科技手段。

较早的间谍照相机叫"米诺克斯"（Minox）。它只有小型单层烟盒那么大，重量不超过100克，性能很好，市场上一般有公开出售。因为"米诺克斯"使用起来容易被人察觉，后来就产生了一种叫"FD3"的微型相机，它的体积极小，在拍摄时竟连"咔嚓"的声响也没有。"FD3"常隐装在各类手表内，供间谍执行任务时使用。在越境通过海关时，即使是受过专门训练的海关人员和保安人员也很难分辨出它与普通手表的不同。因为它的指针一样走动，上弦钮一样可转动，机芯内一样有匀称的"滴答"声。只有打开表盖才能发现它的"庐山真面目"。英国谍报机关曾抓获了一名间谍。

浑身上下搜遍也没有发现间谍用具。直到把这名间谍投进监狱后，监狱长才从这些没收的物品中发现了一只手表有些异样，经专家拆开一看，才知道这只手表内装上了一只"FD3"微型相机，使用一种犹如粉丝般粗细的特制"卡式胶卷"。谍报人员把这卷"卡式胶卷"冲洗出来一看，吓了一跳，这卷胶片上拍摄下了英国许多重要军事基地的清晰照片。

1978年3月，美国一家有影响的《新闻周刊》披露了一起间谍案：某国陆军少将阿赫默德·莫格勒比被反谍报组织逮捕。因为他在4年中充当外国的高级间谍，用一架伪装成打火机的高级照相机，将本国的军事基地中的军事装备和武器弹药等重要情报提供给外国间谍机构。这名间谍使用的打火机型的微型高级照相机是克格勃技术管理局的特务工厂生产的"F1"型照相机。它可以隐藏在"朗臣牌"普通打火机内。这种打火机只有一个很细小的容器装燃烧气体，但可供24小时之用。其他的部位就是安装"F1"相机了。当间谍需要偷摄重要机密目标时，只要将入气处的螺丝一拧，这时打火机的点火按钮就成了照相机的快门按钮了，在偷摄文件时，拿着打火机在文件上轻轻擦过就拍摄完了，时间短、速度快、效率高、保密和伪装性也很强。

除了这些微型而善于伪装的照相机外，又有一种先进的"红外线照相机"。这种照相机能在黑暗中拍摄出清晰的照片。它的特

军事小天才
Jun Shi Xiao Tian Cai

点是，采用能透过红外辐射的锗制镜头和在胶片上涂一种对近红外辐射敏感的乳剂，即必须采用红外胶卷。一个间谍就携带着这种相机，在黑夜潜入一家军事工厂，打开保险柜，瞄准秘密图纸，在没有任何光亮的情况下，连续拍摄。后来这个间谍被情报机关逮捕，缴获了这架相机，专家们发现这种相机在四壁密封的绝对黑暗之中照样能拍摄出天晴像在太阳强光下一样的照片。

为了克服微型相机拍摄距离有限的缺点，间谍技术部门又设计出了一种"长焦距摄影机"。它可以在这幢楼的房间里拍摄到距离较远的隔着几条街的对面楼内的人物照片。也可以通过百叶窗的窗口对准另一幢大厦的某个房间的办

纽扣照相机。F21微型照相机的镜头藏在外衣假纽扣中，使用遥控或快门进行摄影，伪装非常巧妙、隐蔽性好

公桌，把桌上的秘密文件图纸拍摄下来。如果那个房间关上窗户，拉上窗帘，那么在"长焦距摄像机"的镜头前加装一个红外摄影器，就能透过窗帘、窗户，把房间内的任何景象拍摄得一览无遗。

60年代时，在北大西洋公约组织新闻处工作的法国高级官员乔治·帕克是一个潜伏很深的间谍。他用一架浅红色的烟盒式微

型电影摄影机,对北约组织的许多绝密军事情报进行拍摄。这个摄影机很灵敏,只要在文件上一移动,就会自动产生光源,供拍摄之用。把这个机子在文件上来回移动3次,就能把整页文件全部拍摄下来。简直像和小孩子玩游戏一样,又不会被轻易发现。后来,帕克又得到一种新颖的"复印型照相机"。在偷摄情报时,只要把这张"感光纸"放在文件上,用书一压就能把文件一字不漏地反印在感光纸上了。这种方法近年来又得到发展,日本一家公司研制出了一种最新的"狄鲍德复印改进相机"。这个小巧的相机看起来就像一本普通的笔记本,文件一夹进去就会自动进行拍照。苏联克格勃的间谍曾在美国偷窃"大力神"导弹图纸,就使用过一种尖端的复制文件精密相机,这种相机只有烟盒大小,内装3只微型电池,在目标的10～13厘米距离也能拍摄自如。

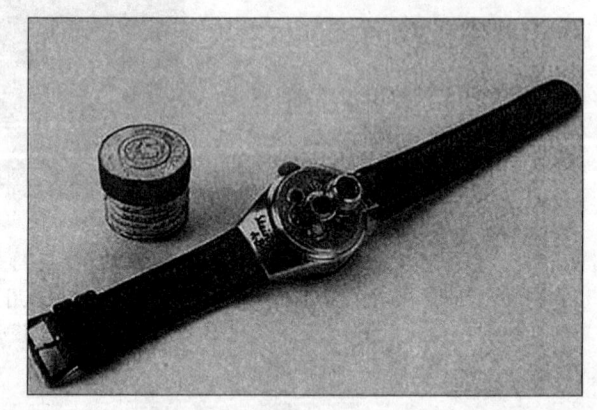

斯蒂奈克ABC手表照相机(1949年左右/德国),可以一边假装看时间一边照相。胶卷是圆盘型的,可照6张。

1972年,美国无线电公司宣布发明了一种世界上最小的"电视照相机"。它的体积为5.1厘米×5.7厘米×7.6厘米,重量不

到1磅。这种相机在俄亥俄州美国空军实验室经过多次试验后投产。不久就被中央情报局的谍报技术部门加以改进,进一步缩小体积,使其光度透镜能将现场的微弱光线增强数千倍。

国外间谍战中还有一种"窥视孔相机"。把这种微型相机贴在匙孔上或门镜上,就能够将室内的景象全部拍摄下来。此外还有"全气候型照相机"即日本"奥林巴斯 AF-1"。也可用于隧道、管道、火灾现场等恶劣条件下使用。此外还有"月光照相机"、"手腕照相机"、"钥匙圈型照相机"、"戒指照相机"等等。

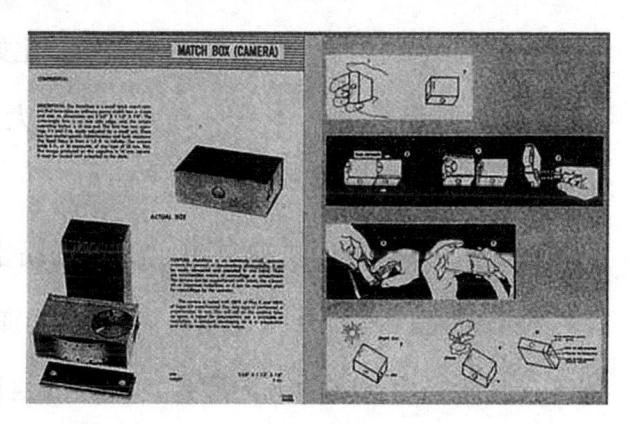

火柴盒照相机。柯达公司为 OSS 特别制作,能放入普通火柴盒中,用16毫米黑白胶卷,可照16次。插图是联邦调查局二战中下发的正式说明书。

除了以上介绍的相机以外,还有高精密型的高空照相机。间谍机构用它来拍摄地面的重要设施。美国的一家报纸曾刊登了一幅照片:在莫斯科红场上一个前苏联公民手持报纸边走边看……这张照片并不是在红场地面上拍摄的,而是在160千米高空上的间谍卫星用电子红外照相机拍摄下来的。美国谍报技术官员说:

"我们可以把这张照片上苏联人手中报纸上的内容放大到可读的程度,使报纸上的俄文和图片一览无遗。"间谍卫星的高空照相机一般都使用特别的高分辨率的远距摄影机。其分辨率可达到0.3米。其覆盖面又往往达到几百平方千米。比如美国无线电公司制造的"高空摄像机",其体积只有人的拳头大小,装有广角摄影镜头,可扫视和拍摄2000平方千米的面积。

与美国一样,各国也研制出了这样的高空相机。法国研制出了一种"独眼巨人"红外扫描相机,安装在间谍侦察飞机上,可在夜间飞行时拍摄出清晰的地面照片。英国和西德生产的"T201扫描相机",使用5米长的70毫米标准胶卷,可以记录下64千米长的景物图像。一种"天空间谍侦察照相枪"也别具一格。它像一把枪,按下射击按钮,就进行连续拍摄。它还能在军事训练中,不用实弹射击,就可以从照片判断是否射中了目标。前苏联研制出的一种"地面长焦距窄视场相机",在5千米的远距离之外拍照,可以把发射工事上的机枪发射孔和房屋的通气小窗拍摄下来,并能清晰地加以识别。

提到"远视仪",我们首先能想到的就是望远镜了,它用来观察距离自己较远的情况和信息。这里我们介绍谍报人员使用的"夜视仪"和"望远镜"两种远视装置。

夜视仪有"红外线夜视仪"和"天然微光夜视仪"两种。"红外

线夜视仪"是用光电转换技术,将黑夜中的远距离目标变成可见图像的先进间谍武器。它又可分为:"主动式红外夜视仪"和"被动式红外夜视仪"两种。前者主要由红外线辐射源、红外线接受装置和高能电源组成。利用目标物体反射回来的红外线的差别进行搜索和观察;"被动式红外夜视仪"本身没有红外线辐射源,而是直接利用车辆、坦克、飞机、火炮、舰艇等任何机械与人体和动物身上发出的红外线热波,并把这种红外线热波变成可见光,输入夜视仪,就能看到影像并将影像按需要进行放大。

  1960年5月1日,一件事情几乎震动世界,由美国中央情报局间谍鲍尔士驾驶的U—2间谍飞机,在前苏联斯维尔德洛伏斯克工业中心上空被击落。鲍尔士被前苏联国家安全人员活捉。美国政府大吃一惊,不知道这架能够在20800米的高空上飞行的先进间谍飞机是被前苏联什么先进武器击落的。一时间,众说纷纭。直到1965年,克格勃的一个间谍叛逃到西方后,才终于解开了这个谜底。原来是一个叫穆罕默德的阿富汗人担任了潜入巴基斯坦白沙瓦市空军基地的侦察员。穆罕默德在夜间,用当时最先进的红外线望远镜把机场停机坪上的所有情况都看得一清二楚,然后溜进U—2间谍飞机内舱,在高度仪的塑料罩上换了一个特殊螺丝。这颗螺丝有很强的磁性,能扰乱高度仪,这样就导致U—2间谍飞机在飞越前苏联上空时,不知道具体高度是多少而被前苏联空军击落。

穆罕默德使用的这种"红外望远镜"就是一种"夜视仪"。它能在黑暗中发觉150米内的物体行动。能在毫无光亮的情况下,清楚地识别38米远的物体和人体。一种小型的"红外夜视仪"可以装在步枪上,帮助夜间进行瞄准射击,还能发现坦克的发动机是否已发动、军舰的轮机舱位于哪个部位,以及油罐内是不是装满了油等情况。

这种夜视技术在80年代得到了很大的发展,又产生了更先进的"热像夜视仪"。它的可视距离较远,一般为2~3千米,在水面上进行观察时,其可视距离为10千米,在对空观察时可达20千米。"热像夜视仪"的另一个特殊性能,是如果目标离开的时间不久,热像仪还可以通过这个目标留下的"热痕迹"而看到目标先前在此地的"影子"。因此,热像仪也很快引起公安侦破机构的高度重视并加以利用。

由于"主动式红外夜视仪"发射的红外辐射线易被敌方谍报技术部门发觉,而"被动式红外夜视仪"又是依据目标的温差来决定图像的清晰度的,所以有一定的缺陷。因此,"微光夜视仪"应运而生了。它是利用微弱的夜天光进行观察的器具。由微光光学系统、像增强器(微光管)、电源三部分组成。微光物镜将夜间景物成像于像增强器的摄入窗(光电阴极),像增强器将目标像亮度增强

几万倍以上,在像增强器的输出窗(荧光屏)获得一个肉眼观察的可见图像。现在,"微光夜视仪"已经发展到了第三代,可以观察到800米距离上的人员和1500米距离上的车辆,识别距离一般在1000米左右。

"新星夜视仪"全重只有600克,有两片接目镜片和一个摄像管,用一块2.7伏的电池供电,可连续使用60小时。这种夜视仪的开关,对焦和目镜的调位操作都很简单方便,可以在黑夜中清楚地看到300米处的人体活动。这种"新星夜视仪"特别适用于间谍在夜间进行秘密观察,既不会被对方的任何先进测试仪器发现,又能像白天看望远镜一样观察目标。由于它能看到并放大远距离的目标,因此,这种"新星夜视仪"又广泛被安装到军队的轻武器上当作"夜间瞄准器"。

在间谍活动中,用远视仪来观察物体时,如果处在运动的物体上,就会使被观察的物体随之晃动而造成目标图像不清,于是,间谍技术部门又研制出了一种"稳像望远镜"。它是一种装有陀螺稳像装置的望远镜。这种望远镜,在光路中加入一个与陀螺仪直接联在一块的反射镜,这样就能消除在车、船、飞机等运动物体上观察时所造成的晃动影响,而能像脚踏平地一样更清楚更遥远地观察目标。

随着摄影科学技术的发展,近年国际间谍战中又出现了一种

通过同温层,将影像折射回来的高级"超远距电气望远镜"。使用这种望远镜,可以在这一个大陆上观察并拍摄下另一个大陆上的照片。比如在莫斯科就可以看到并拍摄到美国领土上阿拉斯加的大油管,甚至在前苏联东部的海参崴可以清晰地拍下美国东海岸的纽约的摩天大楼照片。英国也制造了一种既能观察又能通信的远视仪,叫做"望远通信仪"。它的外表与普通望远镜相似,重量仅1.5千克。右镜筒是标准的7倍单目望远镜,左镜筒为通信组件。当左镜筒安装上红外组件时,通信距离为1千米,安装上微波组件时,通信距离可达30千米。镜体左侧还可连接耳机和话筒,进行电声波联系。由于这种"望远通信仪"全天候性能好,在小雨、小雪、薄雾等不良气候条件下能正常使用,抗干扰性能强,又不易被敌方截获,所以在间谍活动中运用广泛。

第五节　间谍的情报驿站——死信箱和流动暗盒

谍报人员获取情报之后,通过什么途径将情报传递出去呢?这一节我们来了解一下"死信箱"和"流动暗合"这些情报驿站的故事。

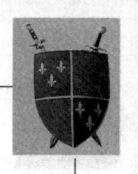

死信箱，是间谍传递情报，接受指令，领取奖赏和小型间谍工具的传储器。一般有固定式死信箱，可携带式死信箱，活动式死信箱等。

固定式死信箱是一个经过挑选的无人交接点。这个结交点是严格保密的，也几乎都是无人问津的地点，这样才能保证不被暴露，秘密不至于外泄。所以，挑选死信箱是一件复杂和责任重大的工作。其标准首先是尽可能不被发现，其次是它的位置必须容易向来接头取情报的人描述，再次是设立死信箱的地方必须是间谍随时都可以有理由去的地方。我们在电影里面可以看到，固定式死信箱一般都设在栅栏内侧、公园、咖啡馆、酒吧、影剧院座椅下、墓碑缝隙里、厕所水箱里，这些地方常人往往都不会在意。

前苏联总参谋部情报局（GRU）在美国首都市中心一个公园的树洞里设下了一个"死信箱"。平时在午餐休息时，一名暗伏在美国机要部门的间谍就会把一个装有美国机密文件的密封小袋投入洞中。几分钟后，一名前苏联"外交官"便会随手取走小袋，然后，立刻赶回停在美国国会大厦附近的汽车里进行复制。在20分钟内，再把文件送回树洞里，这样由刚才的间谍再取回文件，然后可以再原封不动地放回到美国机要部门的办公桌上。前苏联在美国设有几处重要的"死信箱"。比如在纽约165街到167街的一段水泥墙的小裂缝内和在特莱恩堡公园的一座路灯下，都装有微型塑

料死信箱；在中央公园西部第74街和79街之间的一只铁邮筒下，也专门装上了一只磁性"死信箱"。

为了保证不被轻易发现或清扫掉，死信箱往往使用一种吸力非常大的磁铁传储器。只要把这个传储器轻轻地贴在有铁器的死信箱上，就会牢牢地吸住。前苏联总参情报局有一个上校军官，被西方收买为间谍。他就经常使用这种磁性传储器，把情报放在莫斯科一座大厦前厅门口的一排暖气片后面，这样，一名住在这幢大厦中的英国间谍就可以天天"顺手牵羊"地把情报取走。

但"死信箱"也不一定非要如此保密，有时候也可以灵活处理。在二次大战时，因为许多住宅的主人都害怕打仗而远走他乡，所以许多间谍就利用这些无人居住的房子，在门外挂上一只信箱，使其成为一只"合法"的情报传储器了。在60年代，以色列情报机构"摩萨德"和埃及情报局也经常使用常年关闭的住宅信箱来传递情报。这可能就是所谓"往往最危险的地方就是最安全"的吧。

可携式死信箱是一种可以丢弃的容器。比如空罐头、空酒瓶、空烟盒或空纸盒等。它丢在普通的一般人都能看得见事先约定的地方，而且又不致会引起别人任何兴趣。但是这种容器要让前往取件的间谍易于识别，以便将其迅速取走。有的间谍对这种可携式死信箱特别感兴趣，认为它比固定式死信箱更灵活和更保险。如果事先就准备好一些特别的容器，则可靠保密性就更强了。比

如：剜空的木片、石头、砖块、陶器、水泥块、塑料或石膏等等。克格勃的间谍就经常发现给他们的可携式死信箱往往是一团油灰，这团油灰外表被火烧得很干很硬，并且在脏灰里滚粘过，但掰开来里面却藏着行动指令和活动经费。

活动式死信箱往往隐蔽在公共汽车、轮船、飞机、火车或地铁上。吉思·索珀特是一名出生在瑞士的化学师，但是他被雇佣成了在比利时的头号间谍。他特别喜欢用活动式的死信箱来传递情报。索珀特常常把英法秘密协定的文件和许多工业技术秘密缩微胶卷隐蔽在牙膏瓶里，再把这支牙膏放到一大块沐浴用的海绵里面，然后就登上一趟去某地的夜间快车，把海绵藏在一等车厢盥洗间的铁格窗栏后面，再来到擦手纸自动售货机上用蜡笔做个记号，把一张"卡拉里牌"巧克力糖纸丢到废纸篓内，他就马上下车返回布鲁塞尔。当火车抵达目的地时，取信人只要看到擦手纸自动售货机上的记号和废纸篓里的巧克力包装纸就知道，活动式的死信箱正在启用。于是就把盥洗间内的海绵取走直接送往情报总部。

1973年10月，一名潜伏在美国新英格兰军事设施里的间谍曾把他窃取的机密军事情报放在波士顿航空班机厕所的手纸盒里，这也是一个活动式的死信箱。他想在飞机途中着陆停靠加油时，下机溜走，让约定好在航班终点的间谍来取走情报。但是不知怎么搞的，这只手纸盒被一个调皮的小孩弄翻了。9页机密官方文件

散落在地板上，又让一个爱读间谍故事的服务员拾到了。于是机上保安人员立即将这名间谍逮捕了。因为后来经常发生劫机事件，所以利用飞机作为活动式死信箱的办法就不大使用了。

一般来说，间谍规定使用的死信箱有6个以上。在60年代，某国有一所被叫做"行政学校"的间谍学校。学校中的一门必修课就是如何设计准备6个秘密的情报死信箱。经过多次实践考核，方能合格"毕业"。当然，使用哪一种死信箱必须事先经过同意，而不得任意或轮流使用。间谍在把情报投入死信箱后，就要马上到约好的建筑物上用粉笔做个记号或按上个图钉，表示这只死信箱已经启用。几小时或一天之后，他又要到另一个指定的地点去寻找取信人留下的记号，如果找到这个记号，说明死信箱内的情报已被完全取走了。这些天天都看得见但又常常是"熟视无睹"不引起注意的物件，是最容易被间谍利用成死信箱的。

流动暗合与死信箱有同样的功能，但是重要的区别在与它的流动性，或者说是不确定性。

在我国古代的间谍活动中，常常有用风筝来传递情报的。间谍将情报卷成像火柴梗一样的细条，塞入风筝上的竹架孔内，然后将风筝放到天空上去，等到放完所有的线后，就用刀把线割断。这样，站在远处下风的接应间谍就跑去寻找断线风筝，从竹架孔内取出情报。我国古代条幅画的卷轴，也是绝妙的传密暗盒。用条幅

画卷轴传递情报的方法，甚至被外国的高级间谍使用。

　　英国陆军情报局曾经破获了一起重大的间谍案，反谍报官员发现一名间谍的许多密件都藏在一幅中国画的卷轴里。反谍报官员向检察院报告说："绝密情报和大量钞票都藏在一幅挂在床旁墙壁上的中国画卷轴里。如果你用根针在卷轴末端的纹路之间细致地划找，就会发现有一个极小的针眼，这时只要把针插进针眼，然后往下一按，就会露出一个小把，随后就可以把轴的末端拧下来，这时，可以看到轴的里面是空心的，是一个隐藏密件的暗盒。"因为这种传密暗盒体积大，招人耳目，所以，间谍技术部门又制作出了一种空心钱币。使用这种空心钱币，即使在大众广场之中进行交换，也不会引起反谍人员的注意。据说这种空心钱的发明是从阅读维克多·雨果著作的小说《悲惨世界》中得到启发的。雨果在书中写道：主人翁让·瓦尔让在被捕入狱时，暗揣了一个可以内藏小锉刀的空心钱币才得以从监狱里逃出来的。

　　1962年2月10日凌晨，在沟通西柏林与东区波茨坦的"团结桥"中部，有一道令人醒目的白线，一名前苏联间谍阿贝尔和一名美国U 2间谍飞机驾驶员鲍尔十在这里进行互换。阿贝尔是一名资深的前苏联高级间谍，是克格勃在北美以及中美洲的间谍网负责人，西方反谍报机关叫他"千面人"。他在美国纽约以摄影师的身份为掩护，从事间谍活动。他将窃取搞来的情报用各种特制

空心日用品传递出去。有一次,他给一名间谍的一枚传递密件的中空银币丢失了。不知是真的失落,还是不慎当作真的银币用掉了。这枚银币被一名叫波塞的报童卖报时拿到了,波塞不小心在下楼时把银币跌下了楼梯,等他弯腰捡起这枚银币时,发现这枚1948年铸造印有杰弗逊头像的银币裂成了两半,里面还有一小片微型胶卷。在银币R字的部位有一个小针孔,只要用细针往里一戳,就能把银币上下两半分开,用来隐藏密件。报童波塞马上把银币送到了警察局。联邦调查局的密码破译专家费了九牛二虎之力,也无法破译这部"天书"的内容,直到后来另一名前苏联间谍叛逃西方,这才抓住了阿贝尔。因为鲍尔士是在驾驶U—2间谍飞机侵犯前苏联领空时被击落而被俘的,因此两国谍报总部经过协商,将两名间谍进行交换。

阿贝尔在美国也经常用一种空心螺丝来隐藏密件,把它随手丢弃在固定路灯柱脚的一块石头下。有时则把《美国家庭》或《更美的家庭和花园》这一类比较厚的杂志的钉书钉拆下来,把一条一条薄薄的缩微胶卷塞进去,再把杂志装订处粘好,随后,就把这种杂志当作"留局待领邮件"寄往事先约定好的巴黎邮局。

间谍在传递情报的过程中,使用的情报储存器是各色各样的。伦敦警察厅曾经破获过一起特大间谍案,警察在一名前苏联间谍的卧室里搜查出了一只金属扁酒瓶。这只酒瓶的两边各有一个暗藏的夹层。在梳妆台的抽屉里，发现了一节可以把负极底盖旋开的空心电池和装有暗盒的口红。警察又搜出了一只夹层的朗森牌台式打火机，打火机内的微型密码本上涂有高锰酸钾，只要碰到一点点热度，就会立即焚烧。以色列的"摩萨德"就经常使用一种特制的不透光的的纸袋，把胶卷放在里面很保险。但一旦遇到危险，只要轻轻地一撕，袋内的胶卷就会曝光，这样，也就没有什么证据可以抓他了。英国反谍报人员还在另一名前苏联间谍的公寓壁柜里搜到一条皮带，这条皮带的中段有一个秘密夹层用来储藏密件。有时甚至用特殊的材料制成中空的高档巧克力和航空牙膏作为情报储存器。

1974年1月15日的夜晚，一辆灰白色的车号为"使01—0044"的伏尔加牌小轿车匆匆驶出前苏联驻华大使馆，往东北郊疾驶。轿车在郊区的一个西坝河桥上停住，从车上下来了5个前苏联人，与两名隐蔽特务联络接头。两名特务把一只白口罩递给前苏联人，正在这时，我国公安人员突然出现，将这伙人抓获。经公安机关检查，发现这个白口罩是一个特制的"情报传储器"。口罩里面有一个小夹层，里面放着一个小塑料密封袋，在袋内藏着密写情报和一种大头针形的密写工具。这两名特务被依法逮捕，而那5名前苏联人被宣布为"不受欢迎的人"予以驱逐出境。埃及情报局曾经派遣了一名年轻漂亮的姑娘去以色列特拉维夫进行情报交

接。她贴身穿戴的胸罩,就是一只特殊的"情报传储器",曾经用它传递过许多以色列军队的主要武器——"霍克"式防空导弹的情报。

因为传递情报容易被发现,所以,又有人发明了一种"握手粘剂",把这种"握手粘剂"涂在缩微胶卷上,先粘在自己的右手掌心,然后在招待会、舞会等社会活动上,同传递对象握握手,这就会将缩微胶卷粘到对方的手心上去。有时间谍把缩微胶卷先粘在口唇边,看上去像一颗小痣,在亲吻女士的手时,把情报传递给对方。在社交场合中,也常常将缩微胶卷粘在一朵盛开的鲜艳的兰花上,当众送给女士。更有甚者,为了获取"活口"还专门设计制造了偷运人的"人箱"。

1964年,在意大利罗马菲乌齐诺机场,海关警卫在对一只标有"外交邮件"的白色皮箱的货单进行检查时,突然听到箱子里发出了呻吟声。海关警卫便询问带箱子到机场来的两名埃及外交官,里面装着什么物品。一名外交官回答说:"这箱子里仅仅是些乐器,刚才发出的声音恐怕是一只手风琴的声音。"这时,另一名外交官把海关警卫一推,跳上汽车载着这只箱子就开走了,警卫马上鸣笛追赶,截住了这辆汽车。警卫把箱子撬开,发现里面竟是一个被药物麻醉了的男人,嘴里塞着东西,身体被皮带捆在箱子里。原来,这个男人是一个为以色列"摩萨德"和埃及情报总局服务的双

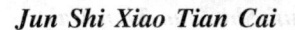

重间谍,埃及情报人员准备把他偷运到埃及去审判。因为飞机误点了2个小时,这名双重间谍身上的麻醉药开始失效,这才暴露了真相。

近年来,情报的秘密传递又发展为一门缩微技术。这种技术能把一卷胶卷缩小到一个直径仅为1毫米的微点。这样就可以把它伪装隐藏在一般私人信件的标点符号之中。像一本32开本书的一页内容竟能将其缩小到只有英文字母"i"上那个小点么大。1974年4月的一天,联邦德国电台广播了一条震惊西方的间谍新闻:联邦德国总理勃兰特的私人政治助理纪尧姆以长期充当克格勃的间谍罪名被反谍报机关逮捕。勃兰特也不得不因为这件丑闻而辞职下台。警察在纪尧姆的住宅中搜出一整套的胶片显微技术设备。他经常用这套设备,把21厘米×29厘米面积的文件拍摄缩小成一个微点,然后粘在邮票的背面,通过正常的信件寄到东柏林。一般在收到缩微胶卷后,先要把有显微点的部分小心地剪下来放进特殊溶液之中,再取出来放在红外灯下烤热,直到暴露出"显微点"。这时要像外科大夫一样,用一根细针小心翼翼地把"显微点"取下来,用吸墨纸吸干水分,然后就可以放在"胶片显微阅读器"下放大辨读了。

随着航天技术的发展,美国在发射的第一颗间谍卫星"萨摩斯号"上,装有一种高技术性能的情报储存器,叫做胶卷自动弹射暗

盒。它是用纯金做成的。这是为了保护盒内的胶卷不受到高空的各种射线的破坏。当这颗间谍卫星拍摄下了大量秘密照片后飞抵太平洋上某一个特定地区时,巨型飞机C—119就一批一批地飞往那里,并且在飞机与飞机之间拉开尼龙网,来接受从"萨摩斯号"上自动弹射出来的"胶卷暗盒",降落的胶卷暗盒在到达6096米的高度时,会自动打开降落伞,然后缓缓地落入尼龙网中。万一没有准确落入尼龙网而坠进大海的话,这只防水的胶卷暗盒就会漂浮在水面上,不断地发出预定频率的无线电信号,并且散发出一种特殊的化学剂,使胶片暗盒周围的大面积海水呈现出一片耀眼的金黄色。这样,搜索飞机或水上快艇就很容易发现并及时将它收回。如果还是搜索不到,到一定的时候,装在胶片暗盒内的自动定时装置就会将它引爆。

传递情报需要各种各样的器具和技术,但是,一旦处于危急状况下,情报的销毁同样也是十分重要的。最近,英国研制出了一种"新型绝密资料粉碎机"。这个机器的特点是体积小、重量轻、粉碎速度快,销毁效果好。经它粉碎过的纸屑只有普通碎纸机所碎纸屑的1/10,胶片放进去更是毁得支离破碎,因而根本不再需要焚化。此外,机内的真空系统可以消除灰尘并能自动将废纸屑收集压紧,注入胶液,形成硬块,使绝密文件的内容荡然无存。

还有一种"密码开启爆炸储存器"。这是一只用密码锁住的

"情报储存器"，就像一只小型保险柜，不懂密码就无法打开取出里面的情报。如果用工具去撬开，就会触发里面夹层内的炸药，将"储存器"与里面的情报顷刻之间炸得粉碎。前苏联克格勃前几年常常发给间谍使用一种"自动字盘保险情报传储器"。这是一件布面的塑料盒子，把胶卷放进去上锁后，把锁上的字盘拧转180度。这种字盘转后就必须在开启时再旋转到一个固定的安全位置，才能安全地打开盒盖取出胶卷。如果不能把字盘转到安全位置而企图打开盒子，盒内的胶卷便会立刻自动燃尽，即使打开了盒盖，也只剩下一堆灰烬了。

第六节 间谍的化学暗杀武器

暗杀行动是间谍们经常要执行的任务，为了确保任务完成地干净利落，万无一失，他们往往不择手段，比如化学毒剂，生物武器等等，虽然有悖于人类道德伦理，但是还是被广泛应用。在间谍战中，这些化学暗杀武器一直是那些"冷血杀手"最常用的暗杀凶器。

化学暗杀武器可分为糜烂性、神经性、全身中毒性、失能性、窒息性等毒剂类型。糜烂性毒剂能使皮肤溃烂和严重伤害内脏器

官，主要用芥子气和路易氏气等。神经性毒剂是一种破坏神经系统功能的凶器，主要使用沙林、梭曼等毒剂。全身中毒性毒剂会破坏人体内细胞的氧化功能，引起呼吸困难，强烈抽筋，直至死亡。它采用的成份主要是氢氰酸和氯化氰。失能性毒剂主要采用毕兹毒剂，会引起精神错乱、幻觉、听视觉障碍等症状，丧失意志而听人任意摆布。窒息性毒剂的中毒症状是缺氧窒息，呼吸困难，皮肤青紫，口吐泡沫，最后抽搐死亡。

60年代时，有个反窃听电子专家赫斯特·舒维尔克曼在大使馆中查获了许多窃听器，并用反窃听武器击毁、击伤了对方的窃听装置和窃听人员后，引起了对方的仇恨。有一天，舒维尔克曼乘车到一所教堂去做祷告，看见有一个中年人正跪在耶稣复活的大油画前静静地在祈祷。当舒维尔克曼走近油画时，那个中年人就礼貌地站了起来，擦过舒维尔克曼便匆匆忙忙地走进了教堂。这时舒维尔克曼觉得左屁股上的裤子湿漉漉的，还闻到了一股烂白菜的臭味，几秒钟后，那弄湿的部位冷得像冰一样，痛得他倒地乱嚷。同伴们立即把他送进医院，一检查才知道是一种叫"芥茉毒瓦斯液"造成的重伤。经过多次全力抢救，才算没丢掉性命。反间谍机关根据种种情况和资料分析，弄清了这一次用化学暗杀武器进行暗杀的详情：那个杀手用一个小型压缩气筒，装进液态的氮化芥子瓦斯，用压力喷出，致使舒维尔克曼中毒。如果得不到及时抢救，

就将侵蚀肺部,使皮肤糜烂,眼睛失明,直至死亡。

　　有的间谍机构专设了"技术管理局",专门制造、供应间谍杀手用的暗杀武器。其中特别厉害的是一种"毒针",它像一根注射针头,针管内装满了剧毒化学药品或剧毒细菌。把它安装在钢笔、铅笔中,只要轻轻地碰伤一丁点儿表皮,就会立即使人呼吸窒息,心脏麻痹而迅速死亡。有的女间谍常常在手指上戴有一枚光彩夺目的"宝石戒指",这枚戒指内就装有"毒针"。女间谍往往在与要暗杀的对象握手或拥抱时,毫不费力地干掉对方。

　　生物暗杀武器也叫"细菌暗杀器",主要使用各种致命的菌病毒。美国间谍机构耗费巨大资金从事这方面的研究,并制造出许多生物暗杀武器,如含有肉毒杆菌毒素的"雪茄"、染上芽孢菌的"潜水衣",带有鼠疫杆菌的手套、口罩等等。并且经常运用于间谍活动中。

　　二次大战期间,有一个用生物暗杀武器击毙纳粹间谍头子的著名间谍案件。当时的德国情报头目海德里希曾多次破获了英美盟军在德国的地下组织,英国情报局(MIC)决心干掉这个凶恶的敌人。有一次,海德里希乘车外出,这一行动被英国谍报人员获悉,于是在一个有利地形的僻静之处,设下埋伏,待海德里希的车子驰近时,英国间谍突然向海德里希的汽车投出了一颗"法尔兹 X 毒气手雷",手雷轻微地炸伤了海德里希,但 7 天后,海德里希开始

抽搐、昏迷，最后窒息而死。经德国病理学研究所所长和法学研究所长等高级专家检查鉴定，海德里希是中了一种代号为"BTX"的肉毒杆菌毒素。

这种化学暗杀武器，不仅仅用在对付敌方身上，在万不得已的时候，比如被敌人抓获，为了使高度秘密不被泄露，也被要求用于间谍的自杀行为。有一种"自杀丸"，来配发给己方派出去的间谍，使他们在危急关头时，吞下"自杀丸"便能马上无任何痛苦地死去。二次大战中，纳粹德国的间谍往往在口腔内装上一颗含有氰化物或眼镜蛇毒的假牙，一旦事情败露，就咬碎假牙自杀。

在"电击发毒雾无声手枪"的基础上，又研制出了"双管毒气枪"，它可以同时打死两个人，而且被暗杀者的尸体即使让最有经验的法医解剖，也只能诊断为死于心脏病。只有打开头颅，将大脑进行极其细致地解剖检查，才有可能发现极少量的氢氰酸的残留物。70年代后，有间谍使用过"毒气伞枪"进行暗杀。这种"毒气伞枪"的外形与真伞一样，只是在伞尖的顶端暗中装有一个"毒弹发射管"，扣动的扳机开关在伞把上，只要把伞尖对准某人，一按伞把上扳机，就会发射出一粒超小型的毒气弹。这粒毒气弹只有1.52毫米直径，弹壳是用90%和10%的白金及铱制成，弹壳中央又有4个直径仅0.35毫米的小孔，用来装填约2~3毫克的蓖麻毒素，但即使是这一丁点儿毒药，也足以让一个强壮如牛的人一命

呜呼。还有一种"黑叶40钢笔注射枪"。它的枪管实际上是一根极细的注射针头,里面灌有剧毒的"黑叶40"。把它伪装在钢笔内,只要在暗杀对象的手背上像玩一样地轻轻敲打几下,毒液就迅速进入血液,引起急性心肌梗塞死亡。其他还有"毒衣""芥子气软膏枪""握手暗杀化学粉末""失明毒剂胶囊"等化学暗杀武器。

生物暗杀武器不单单是暗杀个人,而且有大面积的杀伤力。英美谍报技术专家研制出一种"山羊粪生物武器",用小型间谍飞机喷撒到某地,它所含的"消醒引诱剂"便能把冬眠的苍蝇等害虫催醒并引诱过来,这样,数以百万计的苍蝇就会麇集在这种掺入兔热病(野兔热)和鹦鹉病(鹦鹉热)病菌的"山羊粪"上,然后携带着大批细菌飞往各地,大面积地传播疾病瘟疫,使大批的人患病死亡或丧失战斗力。

目前,一些国家都在大力研究基因生物武器。基因武器,是利用遗传工程学的方法,人为地改变致命微生物的遗传基因,培养出新的危害性更大的生物武器,从而可能给人类带来灾难性的后果。

第七节 间谍飞机

提起间谍飞机,大家或许能起到著名的U—2间谍飞机。这种

间谍飞机机身上涂满黑漆,所以它的别名又叫"黑间谍小姐"。它由美国中央情报局委托,由洛克希德公司生产制造。飞机总长15.1米,高5.2米,翼展24.4米,重约8吨,装1台涡轮喷气发动机,驾驶舱仅容1人。机身内装有高灵敏度航空照相机,可以透过机身下7个舱孔对外拍照,把宽约200千米,长约5000千米的地面景物全拍下来,可洗印出4000张双幅照片。这些照片经处理和高倍放大后,可以判读出十几千米下的某人手中拿的报纸的刊头名称。它的飞行高度可达27400米。当时的苏联歼击机只能飞到20000米,地对空导弹也达不到这样的射程,因此,U—2间谍飞机便有恃无恐,在天空横行。

在间谍飞机中,U—2间谍飞机只是其中一种。在它问世之前,美国谍报界主要使用的是"RF—80喷气间谍飞机"、"EC—121间谍飞机"和"RF—101战斗侦察间谍机"。

RF—80喷气间谍飞机——美国经常派遣这种飞机出没于别国的战略高地,进行大量的非法窥探侦察。用这种间谍飞机摄影、测量的误差不超过10厘米。1950年,美军在朝鲜仁川入侵登陆前,美军司令官麦克阿瑟曾派出多架次"RF—80间谍机"偷偷在仁川上空拍摄了2000多张立体照片,掌握了仁川附近海面的潮水与码头的相对高度。

EC—121间谍飞机——它是一种螺旋桨飞机,能在高空续航

20个小时,机上装有重达6吨的情报电子设备,包括雷达天线、示波器、控制台、全波段无线电接收机、磁带录音机、数据处理机和电子计算机。它常常执行较为庞大的间谍侦察任务,是当对飞机间谍战中的主要机种。

RF—101战斗侦察间谍机——它由美国麦克唐纳公司生产,被称为"巫师间谍机"。技术指标高、性能好,可以升空至15240米,飞行速度2倍于音速。机上还装有"KA—53型间谍高空照相机",由一台大型电子计算机控制,用来指挥协调飞机的速度、高度与拍照的清晰度。

但自从U—2间谍机被多次击落后,美国便停飞了这种飞机,另外使用了一种叫"TR—1型战术侦察间谍飞机",也叫"A—11间谍机"。这种飞机总长19.2米,翼展31.4米,时速688千米,升限27432米,航程可达8000千米,续航时间为12小时。机下吊着两个"容器舱",可装载2吨重的电子侦察设备。它与U—2间谍机相比,体积要大40%。它还装有精确定位的攻击系统和分辨力较高的"合成孔径测视雷达"(即UPD—X远距离侧视雷达),另外还装有一种可以与"RF—101型间谍机"交换情报的电子对抗设备。用这种飞机只要沿着别国的国境线飞行,就可以侦察到56千米纵深地区的各类重要目标,地面目标的分辨力可达3米。当它升至22千米高空时,则能对半径为611千米范围内的地面目标进行全天

候、长时间的侦察和监视。

因为"TR—1 间谍机"属于战术侦察机,于是又研制出了一种接替 U—2 间谍机进行战略侦察任务的主性能间谍飞机"SR—71 高空高速战略侦察飞机",又称"黑鸟"。"黑鸟"的机体很庞大,机身长 30.48 米,高 5.6 米,翼展 26.9 米,重 120 吨,浑身黑乎乎的,像一只怪头怪脑的大怪物。这种间谍机是由美国洛克希德公司一个名叫"臭鼬鼠"的间谍工厂制造的。黑鸟的最大特点就是飞行速度极快,在 25929 米的高空每小时可以飞行 3700 千米。这是音速的 3 倍半,比步枪子弹刚出枪口时的速度还快。它内装二台强有力的 J58 涡轮冲压组合式喷气发动机,总推力达 30600 千克。由于飞行速度快,机身外壳的温度最高时可达到摄氏 640 度,所以黑鸟的机身是用百分之九十以上的钛合金制成,但其厚度又不超过易拉罐,既耐高压,又耐高温。在它的表面又涂上一层深靛蓝色,具有良好的散热性能。它安装的"AN/APQ—73 高空侦察照相机"每次拍摄宽度竟达 48 千米,每小时可拍下 15 平方千米的地面照片。在 24 千米高空可拍下汽车牌照上的号码。"黑鸟"还装置有截获电子情报的"电子侦察接收机",主要截获导弹的遥测信号。

自从"黑鸟"1966 年 7 月 1 日投入间谍战以来,它几乎飞遍全世界,曾经偷拍过我国第一颗氢弹爆炸的照片,也拍过古巴空军基地上的苏制米格—23 飞机,因为它飞得高,难以发现,所以迄今从

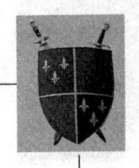

未被导弹击中过。驾驶"黑鸟"的飞行员说:"如果有导弹向飞机发射,我们只要加快航速 30 秒后,那么任何武器也不可能赶上飞机了。"

美国的另一种战术侦察间谍飞机叫"鬼怪式——RF—4"战术侦察间谍飞机。它有 B、C、E 三种型号,分别归美国海军、空军和北大西洋公约组织国家及日本军队使用。它装载有多种侦察设备,如红外扫描相机、画幅式相机、全景相机、测绘相机和侧视雷达。进入 80 年代后,这类间谍飞机上又装备上了先进的电子侦察系统,可以探测出 10 种地、空雷达的特性,并能准确地确定出它们的具体位置。

另外一类间谍飞机是"无人驾驶遥控侦察飞机"。美国军方有"鹰"、"147 系列—火蜂"和"鸥鸪"无人驾驶侦察机。陆军的"鹰"式无人机体积小,机动性能却很强,雷达不易发现它,也不易被击。它的翼展只有 3.9 米,重 99 千克,装有"可见光照相机"、"电视摄像机"、"前视红外遥感器"和"侧视雷达"。目前较先进的机种是西德研制的"小型多用途无人驾驶间谍飞机"。它总长只有 1.91 米,翼展为 2 米,最大飞行时速达 250 千米,最大飞行高度为 3000 米,发动机为 15 马力(1 马力≈0.735 千瓦)。它是用发射车的弹射器进行发射,用地面无线电进行遥控。它装有"稳定电视摄像机"和"双联激光发射器"等先进的电子设备,用于对雷达、坦克等

目标进行战术侦察。它还装有强力炸弹和红外"雷达寻的器",只要侦察到重要目标时,它便会以时速360千米的速度向目标俯冲撞击,实际上这是一种电子侦察、高空摄影和攻击目标的多用导弹式无人飞机。

近几年来"预警飞机"异军突起。它是一种背着雷达飞行的飞机,能够克服地面雷达盲区,从空中对海、陆、空进行立体的侦察监视。预警机的机背上有一个直径9米的大圆罩,罩里装有俯视能力强、抗干扰、搜索距离远、精度高的监视雷达天线。这个天线以每分钟转6圈的速度进行360度全方位搜索,可以同时跟踪600个空中目标,并将目标的尺寸、高度、速度和方位等数据用电子计算机显示出来。它在9000米高空飞行时,竟能探测到400千米远低空或高空的任何目标。这一性能大大解决地面雷达无法探测超低空飞机的难题,是现代战争中必不可少的先进侦察间谍机。

除了美国研制的间谍飞机,其他各国研制的间谍飞机也是种类多、质量高、性能好。

前苏联的"米格—25"高空、高速战术侦察间谍飞机最高时速可达3440千米,最大升限达30千米,机上装有大型侧视雷达和五部高空照相机,能够探测侦察航路两侧100多千米的地区和拍摄70千米狭长地带的照片。前苏联早期的间谍飞机有"图—16獾式间谍飞机"。飞行高度为7010米,时速为736千米,机舱内可乘坐

12名间谍技术人员,对地面目标进行观察、拍照和录音。这类间谍飞机曾多次飞临美国夏威夷、旧金山和纽约市,而美国的雷达防御系统竟毫无察觉。

英国有一种"蜘蛛"式遥控超小型间谍直升机。它的外形像一只大蜘蛛,机内却装有电视摄像机和各种传感器,可以深入敌人阵地寻找攻击目标。因为它体积很小,敌方雷达很难把它与一般天上的飞鸟区别开来,而且飞行速度极快,因此几乎很难击落它。

瑞典也有一种先进的"斯卡坦"微型遥控侦察间谍机。主要配备在炮兵部队,供近程空中侦察之用。它的翼展是2.14米,长1.61米,起飞降落不需要跑道。在执行侦察间谍任务时,由无线电遥控升至1100米的高度,然后关闭机上发动机,它便能向敌方目标滑翔5千米,这时机上能进行自动拍照。然后,再重新启动发动机,发出指令让它返航,最后遥控它稳稳地安全降落。这种遥控飞机一般按预定的程序飞行,不受敌方电子对抗的影响,已被广泛运用于军事侦察间谍活动中。

延伸阅读
微型间谍飞机

200年前,法国革命党人在战争中首次使用了气球,此后空中侦察便成为情报搜集的重要手段。美国国防部高级研究计划局打算改变这种状况,目前正在抓紧研制微型间谍飞机。这种微型飞

行器,长度一般只有几厘米。由于体积极小,在远处很难发现。据微型飞机研究项目的负责人介绍,这种微型飞机能够在空中滞留1个小时,可以实时发回图像,单个成本不超过1000美元。

目前美军着手研究的微型间谍飞机主要有"黑寡妇"、"直升虫"、鸟式微型间谍机和一种只有巴掌大小的间谍飞行器。位于加利福尼亚州锡米谷的航空环境公司设计的"黑寡妇",是第一架真正意义的微型间谍飞机。它的外观很怪异,像个飞碟,而亚特兰大佐治亚技术研究所正在研制的微型间谍飞机"直升虫",样子更为古怪,简直像个大蚊子。

"黑寡妇"靠一个前置的螺旋桨驱动,用电池提供能量。这个直径只有15厘米的飞机,已经成功地飞行了16分钟,最大时速可达数千米,但它目前还没有达到国防部高级计划研究局要求的指标。

"直升虫"的推进方式和它的外形一样怪,它像蚊子似地靠扇动翅膀飞行,但是只有升力和推进系统还不够,而且微型间谍飞机还需要导航。为此,美国的军事研究机构正在研制一套微型陀螺仪和气流探测仪,用来测量"黑寡妇"的速度和方位,力争把微型间谍飞机的飞行位置设定在几厘米的范围之内。

鸟式微型间谍机是美国一些军事研究机构还在潜心研制另一种微型间谍飞机。这种间谍飞机像只小鸟似的,靠上下拍动翅膀飞行,还可以根据指令,在目标上空悬停,向前或向后移动。这种微型间谍飞机在战场上能够飞到附近的山头,在巷战时则可以飞到附近的街角,把观察到的所有情况用电视图像发回。

巴掌大的飞行器有一掌之长,至少能持续飞行1小时,航程达到10英里。这种微型间谍飞行器可以用于在建筑物之间进行侦察,可以用于搜集情报。一般的雷达很难发现它,对付飞机的武器,对它也很难起作用。而对敌人的军事指挥系统和实验室等封闭的建筑物进行侦察,则是它的拿手好戏。

负责该项目的弗朗西斯上校说:"在这方面,我们是在走前人没有走过的路,我们正处在这种技术的前沿,它将把航空和动力技术提高到一个前所未有的水平。"不过也有人认为,尽管在动力和通信装置方面,美国已经没有什么问题,但在飞行控制和导航方面,问题则不那么简单,因为这种微型间谍飞行器的重量太轻,容易被风吹得东倒西歪,偏离航线,甚至可能被风吹落在地上,再也爬不起来。

微型间谍飞机

从目前的情况来看,微型间谍飞机的最后探索领域,很可能是制造一种仿造苍蝇、并且只有一个苍蝇大小的活动翼飞行器,伯克利大学的研究机构正在承担这方面的研究项目,打算用计算机芯

片研制这种极小的间谍飞机。有关专家说,在所有会飞的昆虫当中,只有苍蝇的结构是最合理的,也是最先进的。他们设想,几年以后,把一大群"苍蝇"飞行器投入战场,使敌人防不胜防。

第八节　超级间谍——间谍卫星

在间谍战已经延伸向外太空的今天,在诸多高科技的间谍武器中,最有科技含量的应该数间谍卫星了。现代的技术侦察主要是空间侦察,而空间侦察则又是利用各种间谍卫星来实施的。间谍卫星具有侦察范围广、飞行速度快、遇到的挑衅性攻击较少等优点,各国都对它格外钟情,把它当做"超级间谍"来使用。

事实上,间谍卫星在情报收集工作中所发挥的作用是人类行为不可替代的,它在太空运行中进行大量的录音和录像,一颗普通间谍卫星在某国的上空轨道上飞行一圈所收集到的情报比一个最老练、最有见识的间谍花费一年时间所收集的情报还要多上几十倍。

人类第一颗间谍卫星发射在1959年2月28日。美国加利福尼亚州范登堡空军基地里,有一枚高大的"宇宙神——阿金纳A"

火箭耸入云端，它那圆锥形的顶端就是人类历史上的第一颗间谍卫星，美国谍报部门称它为"发现者1号"。当倒数计数到零时，火箭便呼啸着把"发现者1号"送入了太空轨道。前苏联也于1962年发了"宇宙号"间谍卫星，对美国和加拿大进行高空间谍侦察。截止1982年底，美国和前苏联分别发射了373颗和796颗专职间谍卫星，总数达1169颗，这1000余"超级间谍"在几百千米高的太空上，日日夜夜监视着地球的任何一个角落。美国的战略情报有70%以上是通过间谍卫星获得的。可以说，间谍卫星的数量和发射次数，已经成了国际政治、军事等领域内斗争的"晴雨表"了。

这类间谍卫星主要包括照相侦察卫星、电子侦察卫星、海洋监视卫星、导弹预警卫星和核爆探测卫星以及反卫星卫星，下面我们一一来了解。

照相侦察卫星

"大鸟"间谍卫星是照相侦察卫星中主要的一种。它是由美国空军委托洛克希德公司研制并于1971年发射上天的。总长为15.24米，直径有3.05米，重达13.3吨。它所担任的间谍侦察任务繁多，身兼数职，既对地球表面做普查侦察，也对重要目标做详查侦察；既要对目标进行照相，又要对各地的电磁波进行监收。更奇妙的是，这只"大鸟"还常常驮着"小鸟"飞上太空，然后"卸下"这些"小鸟"带着他们在外层空间漫游，即由大卫星（母星）和一两颗小

卫星(卫星)组成一个"间谍卫星家族"。"大鸟"间谍卫星还长着3只明察秋毫的"大眼睛"。一只"眼睛"是一架分辨力极高的详查照相机,可以看清在地面上行走的单个行人。另一只"眼睛"是一架新型胶卷扫描普查照相机,用它来进行地上大面积普查照相。第三只"眼睛"最神秘,它是一个可以在夜间看见地下导弹发射井的多光谱红外扫描照相机。"大鸟"间谍卫星所拍摄的照片必须在卫星飞抵夏威夷群岛地区上空时弹射出来,并由空军回收,然后再进行冲洗和认读。迄今为止,外层空间已经有16只"大鸟"在"展翅飞翔",以它那鹰一般的锐眼虎视眈眈地注视着地球上那些令人担心的地区。

1971年美国发射了一颗"KH—9"间谍卫星,也叫"大鹏"间谍卫星。1976年底,中央情报局在美国空军范登堡基地又发射了由美国伍德里奇公司研制的最先进的第五代照相侦察间谍卫星"KH—11",俗称"锁眼"。这是太空间谍战的一个重大突破,因为"KH—11"间谍卫星属于"数字图像传输型的实时照相侦察卫星"。它不用胶卷,而是由卫星上的"成像遥感器"通过扫描方法拍摄地面场景图像,并将这些"高品位远距照相电视信号"采用数字图像的传输方式传输到地面卫星接收站,这样,华盛顿的国家图像判读中心就能立刻了解到有关国家各个领域的瞬时动态。"KH—11"间谍卫星的优点一是不受胶卷的限制,二是具有诱人的"实时性"。

最初时，前苏联军方及谍报部门不了解"KH—11"间谍卫星具有发射实时信号照相的能力，因此有许多军事设施都没有隐蔽起来，甚至连导弹发射井的井口也没有掩盖，让美国谍报机关得到了许多高度机密的情报照片。

1990年初，美国间谍卫星拍摄到利比亚首都的黎波里附近，正在兴建一座神秘的工厂，据专家反复分析照片认为，这是一座化学武器工厂，许多国家也纷纷予以谴责，但是利比亚否认此事，并说这是一家普通的制药厂。事隔不久，这家工厂被一场无情的大火化为灰烬，利比亚国家元首发表声明，谴责美国间谍卫星和纵火间谍的破坏活动。"KH—11"间谍卫星迄今为止已发射了5颗，是当今世界太空中间谍侦察卫星的"王牌"。80年代起，美国已着手制定一项代号为"靛蓝"（现已改称为"长曲棍球"）的新卫星系统的研制计划。它将利用最先进的雷达设备，实现全天候的昼夜侦察。利用电脑把雷达讯号提高，变成雷达造影，可能穿透云雾和黑暗，甚至还可能发展成具有穿透建筑物的能力。

照相侦察卫星上使用的照相机有"全景照相机"；"画幅式照相机"和"多光谱照相机"。"全景照相机"可以旋转整个相机，其旋转角度达180度，可以用来进行大面积搜索、监视、进行地面目标的"普查"。"画幅式照相机"主要用于"详查"地面目标，把某一个重要目标拍摄到一张分辨率很高的胶片上。

美国"大鸟"照相侦察间谍卫星上的画幅式照相机,从160千米的高空拍摄下来的照片,竟能够分辨出地面上0.3米大小的物体,也就是说能够看清是一只狗还是一只猫。"多光谱照相机"装有不同的滤光镜,对同一目标进行拍照,得到几张不同的窄光谱的照片,由于不同的物体具有不同的光谱特性,所以,只要用"多光谱照相机"对伪装的物体进行拍照,就可以揭露它的真面目,识破敌方的诡计。

电子侦察卫星

电子侦察卫星具有多种功能。它能够截获敌方预警、防空和反导弹雷达的信号特征及其位置数据,能够截获敌方的战略导弹试验的遥测信号,也能有效准确地探测敌方军用间谍电台的位置。前苏联从60年代中期开始发射电子侦察卫星,到1982年底共发射了134颗。前苏联的电子侦察卫星一般是椭球体或圆柱体,多采用"混杂多颗组网法"使用,即在同一轨道内,发射4~8颗电子侦察卫星,一颗飞过去后,紧接着又飞过来一颗,可以接力式地连续进行通信窃听。这种卫星具有情报联络的功能,可以与世界各地的前苏联间谍保持无线电联系。1977年4月,伊朗反间谍部门逮捕了一名叫拉巴尼的间谍,他就是利用"通信情报型的电子侦察卫星"在飞越当地上空时,接收这颗间谍卫星发送给他的密码电文。由于在接收密码电文时,拉巴尼没能隐蔽好他的卫星接收天

线而被反间谍部门发现后,突然冲进密室将他抓获。

美国从60年代初开始发射电子侦察卫星,到1982年底共发射了78颗。分为普查型和详查型两种。普查型电子侦察卫星体积较小。如美国的"PH—11电子侦察卫星"即属此类。它高仅0.3米,直径0.9米,呈八面柱体,重量约为60千克。往往是在发射其他较大的卫星时,把它捎带上一起发射出去,所以国外谍报部门也叫它"搭班车间谍卫星"。1962年美国发射的"侦察号"电子侦察卫星能够在很宽的频段内对无线电系统进行侦察。这种间谍卫星重约1000千克,它在一天中可以2次飞越莫斯科上空,并能把截获到的无线电信号储存起来,当卫星运行到预定地域的上空时,又会自动将情报用无线电发回地面,或用回收舱送回地面。美国情报部门常常用它来截收苏军总部发至全球各海上舰队的秘密电波。1973年发射的"流纹岩"电子侦察卫星主要是截获窃听前苏联从普列谢茨克试验发射固体洲际导弹以及从白海试验发射核潜艇导弹的电子讯号。它可以同时监听11000次电话或步话机的通话。在澳大利亚和英格兰都设有专门接收"流纹岩"电子侦察卫星传输无线电信号的地面卫星接收站。电子侦察卫星还有一种特殊的"跟踪人"本领。只要间谍把一种"显微示踪元素"或"电子药丸"加在特制的食物和饮料中让某个人吃下去,那么,当电子侦察卫星飞到这个人所在的区域时,卫星上的电子和摄影仪器便会对

这个人进行跟踪,无论这个人走到哪里,躲在哪里都无法逃出卫星的跟踪。

海洋监视卫星

这种间谍卫星主要是用来探测、跟踪世界海洋上的各种舰艇。通过截获舰艇上的雷达、通信和其他无线电设备发出的无线电信号,对海上的军事目标进行监视。前苏联研制海洋监视卫星起步较早,拥有用核反应堆提供能源的"雷达型海洋监视卫星"和用太阳能供电的"电子窃听型海洋监视卫星"。从1967年起就使用这两类卫星了。而美国则在10年以后才拥有"电子窃听型卫星"。

海洋监视卫星上面装有红外辐射仪等高灵敏度的探测仪器,不仅能够发现和跟踪海上目标,而且也能够监视水下60米深的核潜艇的活动。更奇妙的是它既能够测量出核潜艇上的核发动机排出的热量与周围海水的温差,掌握潜艇在海下的位置和计算出潜艇行驶的速度,而且还能测出海底山脉、海沟、隆起部位和断裂区的高度、深度和宽度,绘制出精确的海底地图。1982年英阿马岛之战中,前苏联接连发射了"宇宙—1365号"和"宇宙—1372号"海洋监视卫星,以此来侦察英阿双方的军事战况,并把所获取的英国军队的有关情报马上提供给阿根廷军队,以致阿根廷空军一举击沉了英国特遣舰队中著名的"谢菲尔德号"驱逐舰。

美国曾经提出两个雄心勃勃的计划,一个是研制"飞弓"雷达

型海洋监视卫星，一个是研制"白云"电子窃听型海洋监视卫星。1978年6月27日，美国空军范登堡发射基地发射了一颗长12.2米，重2274千克的"飞弓"间谍卫星。它装有四种微波遥感仪器和一台可见光和红外扫描辐射仪，即合成孔径侧视雷达，测高雷达，雷达散射计，微波辐射计和可见光与红外线辐射计，以此来对海洋实行大面积的监视。可惜好景不长，3个月后，这颗间谍卫星便因电源严重短路而一命呜呼了。

导弹预警卫星

当洲际弹道导弹从发射井呼啸而出后，对距离8000～12000千米以外的目标只要30分钟就能命中。这就要求有一种武器能够在导弹到达目标前就能够侦察到攻击导弹并发出战略预警，及早使人们进入防空洞或者发射反弹道导弹在大气层外拦截撞毁前来袭击的敌方导弹。这项任务现在主要是用"导弹预警卫星"来执行完成的。1958年美国便实施代号"米达斯"计划的导弹预警卫星研制。1966年，又重新制订了著名的"647"预警卫星计划（也叫防御支援计划卫星）。它是一个圆柱形星体，主要侦察设备是一个长3.63米，直径为0.91米的大型红外望远镜，它由2000多个硫化铅做成的红外敏感元件组成，能在零下80℃的条件下正常工作。它总长约6.64米，每分钟可自转5～7转。美国从1971年投入实际使用"647导弹预警卫星"以来，已经探测到前苏联、法国和中国的1000多次导弹试验。卫星上的探测器在导弹发射90秒钟之

内，便能探测到在起飞的导弹，并在 3～4 分钟内把探测到的各类信息传输到美国夏延山上的北美防空司令部。

　　前苏联的导弹预警卫星是在 1967 年发射的。它既能够"看"到美国中西部的戴维斯——蒙森、小石城的"大力神导弹"发射基地和马姆斯特罗姆、沃化的"民兵式导弹"发射基地，又能随时与前苏联保持通信联系，用这种大椭圆轨道的预警卫星每天可以进行 14 小时的监视，因此，只要同时使用 2～3 颗这种卫星就可以进行全天候的环球监视了。至 1982 年底，前苏联共发射了 33 颗导弹预警卫星，在太空中与美国又开始了一轮超级侦察之战。

　　目前国外正在研制新一代的导弹预警卫星，主要是采用一种"凝视"型红外探测器。这种探测器含有几百万个敏感元件，各自负责凝视盯住地球表面的每个地区。只要某地区有导弹发射，快速飞行的导弹尾部喷出的猛烈火舌便会被卫星上某一部位的敏感元件感测到，于是立刻就可以预先报警了。它还具有排除非导弹的自然火光和飞机尾部的热辐射，降低虚警率和测算出导弹的轨迹，飞行速度及弹着点等高度敏感精确的功能。

核爆炸探测卫星

　　1979 年 9 月 22 日凌晨 3 时，一颗高于地球 11 万千米的间谍卫星，发现在非洲南部出现了一种神秘的闪光，并且在 1 秒钟之内，连续闪动了两次。10 月底，美国发表了一项声明，宣称该地区发生了一次 2000～4000 吨级的核爆炸。然而，处于这一地区的南

非却矢口否认与他们有关。但是,不论是怎样否认也无法排除这颗间谍卫星侦察的可靠结果。这颗间谍卫星就是美国 1971 年发射的"核爆炸探测卫星"——"维拉号"(拉丁语,"监督者"的意思)。卫星上有二十几个探测器,可以探测核爆炸时产生的 X 射线和 Y 射线,也可以数出核炸时产生的中子数目和记录核爆炸火球的闪光及电磁脉冲。它能够探测到高空(爆炸高度在 30 千米以上)、大气层(爆炸高度低于 30 千米)和近地面的任何核爆炸。并且还可以运用先进的探测仪器系统侦察到地下的种种核爆炸。

反卫星卫星

反卫星卫星是一种具有轨道推进器跟踪与识别装置以及杀伤战斗部的卫星,能接近与识别敌方的间谍卫星,并通过自身的爆炸产生的大量碎片将其破坏击毁。1971 年,前苏联从丘拉坦火箭基地发射了"宇宙—462 号"卫星,它的运行速度极快,几个小时便赶上了 4 天前就送入 250 千米高空轨道的"宇宙—459 号"卫星。这时,"宇宙—462 号"突然自行爆炸成了 13 块碎片,将"宇宙 459 号"卫星撞毁。美国航天专家通过大量资料分析,证明这是前苏联进行的一次"反卫星卫星"试验。这颗"宇宙—462 号"卫星便是一颗高空"凶手卫星"。前苏联到 1977 年底,就已经发射了 27 颗"反卫星卫星",其中有 7 次成功地"截击"了供试验的目标卫星。

军事小天才
Jun Shi Xiao Tian Cai

另一种较量——战争中的间谍与反谍 ling yizhong jiaoliang——zhanzheng zhong de jiandie yu fandie

第六章　间谍较量的新战场

随着技术手段日新月异，情报战的发展重点已逐渐由以人为主开始转向以先进技术为主。航天飞机自由往返于地球与太空间，侦察卫星技术日益先进，空中、海上的侦察机、侦察船水平日益提高，使现代情报战逐渐摆脱了以间谍战为主的时代而走向了"大情报战"时代。从间谍飞机，到间谍船，再到间谍卫星等，可谓情报战无处不在。当前，各国情报部门实施技术窃密的主要手段和方法除了依靠性能日益先进的间谍卫星、侦察飞机等技术武器外，在以下几个领域也展开了没有硝烟但无比激烈的战争。

第一节　间谍技术的网络延伸

我们常常说互联网是把"双刃剑"，它既能提高人们的办事效

率,同时也给国家、社会和各级机关的保密工作增加了前所未有的难度。各国间谍情报机关都设立专门机构,利用互联网所具有的开放性、广泛性、快捷性等特点,以及网络隐蔽、不受时空限制等远程技术实施网络攻击,窃取外国各个领域的情报

计算机

机密。由于从互联网上获取军事情报信息量大、机密等级高、时效快、成本低等方面的原因,互联网已成为各国情报战的一个重要战场。一方面,采用多种互联网技术对目标对象的网站进行破译和攻击;另一方面,又要防止自己的秘密信息被泄露到互联网上,特别是防止黑客和他国情报机构对己方网站进行攻击。

美国海军曾透漏,超过10万名海军官兵及海军陆战队飞行员及机组人员的社会保险号码以及其他个人信息在互联网上遭泄露。据报道,这10万名海军和海军陆战队人员的信息包括士兵的姓名、社会保险号、服役时间、服役部队、一些工作照片等。这些信息于2007年12月被公布在海军的安全中心网站(www.safety-center.navy.mil)上。直到2008年6月底,这些泄密信息才被海军有关部门发现,而这些信息已在互联网上暴露了6个月之久,其被浏览和下载的次数已超过上万次。美国军事专家表示,此次泄密事件不仅数量庞大,涵盖了10万名官兵,而且被泄露的内容中很

多属于机密信息,比如通过分析士兵服役部队的介绍,可以了解美军的军事部署。

利用国际互联网获取情报是间谍机关获得情报的一个重要途径和新的发展方向。据美国情报机构统计,在各国情报机构获得的情报中有80%左右来源于公开信息,而这其中又有将近1/2来自互联网。目前网络"探秘"手段多样,主要有以下几类:

信息过滤技术

所谓信息过滤即信息的选择性传播。信息过滤本意是指关注用户的长期需求,是为非结构化及半结构化的数据设计的,其目标是帮助用户处理大量的信息,对动态的信息流进行筛选,排除用户不希望得到的信息,基于用户概型(profile)从输入的信息流中过滤掉的数据。作为面向Intenet的个性化主动信息服务的一个重要中间环节,信息过滤技术近年来在信息的处理体系中应用得越来越广泛。

而在网络盗窃上通常指对所需信息相关信息的过滤。这种技术手段主要运用于获取公开的情报资料。以美国为例,美国占有全球网站的70%以上,控制着全球80%的计算机系统和软件市场,拥有全球11个互联网信息交互枢纽中的9个。正是凭借这种强大的信息优势,美国在各大网站都安插了过滤系统,只要我们在网上敲击出驻训、演习、装备、军人等关键词时,就有可能被过滤

截获。

密码破译技术

这种技术就是对截获到的密文首先进行破译，再进一步分析和处理的技术手段。大家入伍前可能有过 QQ 被盗的经历，其中有很多就是盗号者使用密码破译软件盗取的，所以即使我们加密的文件也可能被窃取、破译。窃密者大都是一些具有计算机专业技术知识的人，如单位的电脑管理员等，他们为了金钱，利用计算机网络窃取有关信息，成为出卖单位或国家利益的罪人。一位名叫米特尼克的人利用电脑和电话，非法侵入几十家大公司的计算机系统，盗窃了数以万计的数据文件，由此而获得的商业秘密的价值高达几十亿美元。99 年两名新加坡青年因窃取了 17SingNet 用户的密码而被指控。随着商业网的全面开通，商业信息的存贮和交流日趋加大，这类犯罪活动有可能进一步增加。

信息恢复技术

存储介质中的信息被擦除后有时仍会留下可读信息的痕迹，即使被删除的信息也很容易被恢复。一些计算机病毒会判定电脑上移动存储设备的类型，自动把电脑里相关文件和各种记录信息都复制到电脑某一目录下隐蔽起来，同时会根据预先设定将这些信息通过互联网发送到制定地址，造成使用电脑用户资料失窃。这就是我们通常所说的"木马"病毒。

智能侦察技术

这是一种针对固定计算机网络目标进行的探测的程序,它可以在计算机网络自主漫游、监视、探测目标,并通过隐蔽通信方式自动回传收集到的情报信息。他们不知不觉地进入你的计算机,将你在电脑上的一举一动,从键盘操作到浏览过的网页都记录下来,并发送到指定的公司地址,这就是我们通常所说的间谍软件,这种技术通常被称作"摆渡"技术。以某单位一名在读研究生为例,他为写毕业论文将移动硬盘插入互联网,准备下载一些资料。5分钟后,他突然想起移动硬盘内还存有一些涉密资料,就立即将移动硬盘取下。谁知,就是这短短的5分钟时间,他以前所存的37份涉密资料竟从网上被境外间谍情报机关窃走,造成了比较严重的后果。

信息截获技术

在网络传输链路上通过物理或逻辑的手段,对网上传输的信息进行非法截获与监听,通过截收破译网络传输的数据并加以必要的分析,可从中获得有价值的情报。例如,有一种名为"幽灵网"的技术,它可以制造出各种网络浏览器的幻象,一般人根本无法分出真假,很容易将幻象当成自己所要的网址。一旦继续浏览下去,用户就会在不知不觉间被这个网址控制,自己的所有个人隐私、银行密码、报税细节、电话号码、工作成绩等就会被人截取。另外,语

音邮件系统、移动电话、无绳电话等被窃听的情况也很严重。还有的人,甚至包括一些政府机构(如美国)利用出卖收集到的个人隐私来赚钱。

硬件电磁能探测技术

据外刊报道,1988年德国情报部门进行了一次实验,将一种间谍装置安放在一辆汽车上,把这辆汽车开到一座军事基地外的森林中隐蔽起来,利用军事基地内电子计算机工作时辐射出的电磁波侦收其军事情报,结果清楚地捕捉到了计算机中心荧屏上所反映出来的军事信息。

黑客入侵技术

非法入侵计算机网络的主要实施者就是各国情报机构培养的黑客团队。随着计算机及其交互网络的普及,各行各业、各单位、各部门以及个人,都将有关的重要资料、数据、信息等储存在计算机内。一些不法之徒千方百计"闯入"这些系统,窃取国家、单位或

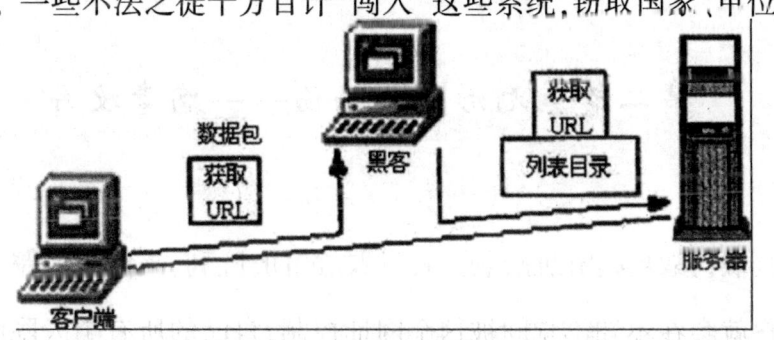

黑客入侵方式完整演示

个人的有关政治、军事、经济、文化及个人隐私等方面的信息资料。据悉,海湾战争期间,曾经有数以百计的美国军事机密文件从美国政府的计算机中被窃走,提供给了伊拉克方面。谁知干此勾当的人竟是一批年轻的境外计算机黑客,他们偷窃的文件数量之多,密级之高,令人咋舌。如 1994 年 1 月到 1995 年 6 月间,就发现了数千个计算机入侵者程序,这些程序功能愈来愈强。据报道,电脑黑客一年内曾渗透到五角大楼的电脑系统中达 16 万次之多。有关专家估计,美国军用计算机平均每天被探测 500 次,其中只有 25 次被侦察出来。1995 年 7 月底,法国海军行动力量参谋部的计算机储存的军事机密被盗。被盗的机密包括几百艘盟军军舰的声音识别密码、舰只的航行图等。由此可见,非法入侵计算机网络获取军事情报是非常奏效的。

第二节 无形的软杀伤——病毒攻击

现代战场是五维战场。要夺取战争的胜利,先要夺取制空权;要夺取制空权,首先要夺取制电磁权。随着网络技术的广泛应用,军事信息系统及其计算机系统的功能越来越强大,军事作战对计

算机网络的依赖也越来越大,因此对敌军事信息系统实施网上攻击,将成为夺取并保持网络和电磁空间制信息权的关键所在。尤其是 C^{4}KISR 系统,把包括众多计算机在内的各种信息获取、处理、控制、传输及其火力打击等武器装备联为

美国国防部声称部分电脑遭到病毒攻击

一体,使信息系统一旦遭到攻击并被摧毁,整个军队战斗力就会降低甚至丧失,国家的军事机器便会处于瘫痪状态。

有人说21世纪的黑手党将把计算机病毒作为国际恐怖活动的主要武器和手段。一些发达国家已将计算机病毒与核、化学、生物武器一并列为21世纪人类社会最恐怖的杀手。与电脑病毒作斗争,将成为人类头等重要的大事之一。与其他的手段相比,计算机病毒作为系统对抗的主要手段之一,具有隐蔽性强、传播速度快、成本低廉、效果显著等特点。一位美国知名人士曾由此而惊恐地说:用电话进行战争比用核武器进行战争更有效,要摧毁美国,只需用高科技扰乱其电脑系统1秒钟就能达到目标。

早在20世纪80年代初,美国国防部在电子战中心集中了一批著名的计算机专家,建立了一个代号称"老虎队"的组织,专门从事这方面的研制工作。"老虎队"曾以美空军的指挥网络系统为"敌人",运用所研制的"渗透病毒"武器进行进攻,仅用几个小时,就成功地摧毁了整个指挥系统。在美国计算机病毒史上,还发生使用 UNIX 操作系统时,造成计算机网的620台微机染上"蠕虫"

病毒,顷刻间导致联网的宇航局和许多重要军事基地的计算机都被迫停止运行。目前世界上已发现的电脑病毒达2.5万多种,据业内人士称,现在每天约有十几种新病毒出现。电脑病毒可造成由计算机控制的重要交通失灵、银行金融系统瘫痪、工厂企业生产停滞、政府行政机构秩序紊乱、卫星导弹失控、列车晚点、海轮迷航等。如1988年11月12日,美国五角大楼星等计算机中心的数万台微机终端上,突然同时出现了一种形如蠕虫的符号,使得这个由25000台计算机组成的庞大网络中6000台微机瘫痪24小时,造成了1亿美元的损失。1989年10月13日,"黑色星期五"病毒使荷兰全国的10万台微机突然全部失灵,英国、法国、美国、瑞士的难以计数的微机莫名其妙地受到不同强度的破坏,而台湾与韩国则有70%的计算机陷入瘫痪。"梅丽莎"病毒在网上的传播至少造成千万元的损失;CIH病毒在中国大陆就有大约10万台以上的电脑被感染;在千禧之际,每月都有上千种各式各样,名称奇怪的病毒肆虐在互联网上,给整个世界造成了难以估量的损失。

　　进入90年代之后,美国军方竟然开出55万美元来悬赏新型"病毒"的发明者。要求新病毒产品比当前流行的更精巧,它应对敌方有线和无线的计算机系统具有感染、潜伏、预定和需要时激活的破坏能力。据悉,围绕这些技术要求,有的专家已推出一些用于实战的新病毒武器。如"计算机病毒枪",它能从遥远的距离"送毒"上门,使对方飞机、坦克和潜艇等装备的电子系统"患病";第一代微型计算机芯片"病毒固化"技术产品,在美军问世,并开始嵌

入出口的军用计算机芯片中。一旦需要,这些平时发现不了的"固化病毒"便被遥控激活发作,使装备这类产品的军队不打自瘫。美国中央情报局有一种秘密程序,可以把设有陷阱的计算机芯片插入武器系统中去,外国的武器制造商可能把这样的武器系统运到一个潜在敌对的国家去。这一点非常值得人们警惕!在1991年爆发的海湾战争中,美军已运用初级的计算机病毒战(技)术,成功地攻击了伊拉克的指挥中心,这是世界上首次用计算机病毒武器进行作战的战例,从而揭开了病毒武器投入实战的序幕。

第三节 电子侦察技术的新发展

以阿富汗战争为例,美国2001年在阿富汗实施的"持久自由行动"中动用了包括卫星在内的一切手段来搜寻拉登,确定打击目标,检验打击效果,其中电子侦察卫星具有举足轻重的作用,它用于截获拉登的电子邮件和窃听电话。在2003的伊拉克战争中,美国又故伎重演,用"军号"等电子侦察卫星对萨达姆进行了全方位侦听。

当前,各国用以实施电子侦察的主要武器有:

电子侦察卫星

电子侦察卫星是保密级别最高的卫星,也是获取情报的重要手段。由于电子侦察卫星能不受地域或天气条件的限制,大范围、连续性地长期监视和跟踪敌方雷达、通信等系统的传输信号,从而可及时获得其军用电子系统的性质、位置和活动情况以及新武器试验和装备信息,了解敌方军队的调动、部署及战略意图,所以,它已成为当代情报侦察中必不可少的手段。在战争中发挥了重要作用,尤其在快速作战决策方面,电子侦察卫星可以大显神威。

美国间谍卫星"锁眼"系列

电子侦察飞机

美国投巨资研制出代号为"黑鸟"的SR—71侦察机上装的红外照相机,1小时可拍到20万平方千米地域的照片。EP—3电子侦察机号称美军的秘密武器,这种侦察机集通信侦察、电子侦察、信号识别、数据处理和分析破译于一体,凭借这些先进的设备可从七百千米外地方,截获雷达和其他通信信号,可以清楚地识别出通话者的身

美国海军EP—3电子侦察机

军事小天才
Jun Shi Xiao Tian Cai

份,迅速判断出情报价值的大小。

情报舰船

海洋是各国竞相争夺的战略空间,也是进行窃密活动的重要场所。各式各样的电子间谍舰船,在大洋深处有神出鬼没的间谍潜艇,成为活动的技术侦察站,能侦测到

美国海军电子侦察船

水下运行的各种信号。20世纪70年代美国的间谍潜艇,曾偷偷潜入前苏联领海,用特殊窃听装置,窃取苏军海底电缆的通信秘密。目前,美国拥有100多艘间谍船,其中前卫号和雷洛斯号间谍船装有先进的仪器,能准确跟踪,监视敌国导弹的飞行轨道。

地面监听

1998年2月23日,英国BBC广播公司的资深记者邓肯·卡菲尔,在欧洲议会召开的听证会上披露了一条惊人的消息,有一个代号"梯队"的情报组织长期以来用一套覆盖全球的电子侦察技术,窃取各国的军

美国地面相控阵雷达"铺路爪"

第六章 间谍较量的新战场

193

事经济情报,包括联盟国家的机密。这个神秘的"梯队"是由美国国防部直接管控,由美、英、澳大利亚等国情报机关合作的一个庞大的电子监听网。它自20世纪50年代初成立起,就采取了异乎寻常的保密措施,运行了50年才曝光。这个"梯队"有着无比强大的监听能力,拥有世界上最先进的通讯监听设备,能同时监听100万台正在使用的电话,"梯队"在全世界各地设有大小监听站4000多个,工作人员达10万人之多,每年投入经费120亿美元,它能截获并处理来自地球上任何地方的大量信号,世界各国的无线电通信、导弹和火箭发射、核武器试验、军政要人谈话都在它的监控之中。

第四节 间谍技术的新平台——手机

21世纪,手机已经成为人们不可缺少的联络工具,在距离不断拉近的"地球村"里,手机已无处不在。然而,必须看到,手机是一把"双刃剑",它在给人们的生活带来方便的同时,也给国家的安全带来隐患。尤其在关系国家秘密的特殊部门,手机已成为不容忽视的一大泄密隐患。科学证实,手机在带电关机的状态下,通过专业设备仍可获得该手机周围一定空间的声音。对间谍情报机关而

言,手机犹如一个天造地设的窃听器,因而成为党、政、军等要害部门泄密的新生隐患。尤其是随着现代智能手机的普及,手机的功能和存储容量的增加,进一步增加了手机泄密、手机隐私被窃、手机丢失后的信息欺诈等的危害程度,同时通过操作系统登录互联网,也增加了手机感染病毒的危害,还有手机上蓝牙技术的采用更造成了其信息的不安全。

手机是怎样泄密的呢?通常有以下几种情况。

一是通话失泄密。手机通信是一个开放的电子通信系统,只要有相应的接收设备,就能够截获任何时间、任何地点,接收任何人的通话信息。这种无线信道的开放性,使得收、发双方交换的敏感信息被第三者感知的可能性大大增加。因此,手机在通话状态下极易"主动泄密",手机也是最具隐蔽性的"窃听器"。

二是待机失泄密。在待机状态,手机也要与通信网络保持不间断的信号交换。在这些过程中产生的电磁频谱,人们很容易利用侦察监视技术发现、识别、监视和跟踪目标,并且能对目标进行定位,从中获得有价值的情报。

三是关机失泄密。手机在关机状态的失泄密有两种情况,一种情况是使用者关闭手机,持有特殊仪器的窃听者,仍可遥控打开手机的话筒,继续窃听话筒有效范围内的任何谈话。另一种是在手机制造过程中就在芯片中植入接收和发送功能。

四是硬件失泄密。以蓝牙泄密为例。通过连接的蓝牙的OPP(对象交换传输规格)可以在设备之间交换各种信息,由于厂商的

原因,一些型号的蓝牙设备存在脆弱点,使攻击者可以在无须认证的情况下连接到这些设备上,下载设备中的资料,并且还可以操控手机进行拨号、短信发送和互联网访问等活动。

那么手机又是怎样成为泄密工具的呢？主要有以下几方面原因。

一、开放的无线信道

手机的通信过程,就是手机把语言信号传输到移动通信网络中,由移动通信网络将语言信号变成电磁频谱,通过通信卫星传送到受话人的电信网络中,再转换成语言信号。因此,手机通信是一个开放的电子通信系统,只要有相应的接收设备,就能够截获任何时间、任何地点、任何人的通话信息。在手机通信过程中产生的电磁频谱,人们只要利用侦察监视技术就能发现目标、识别目标、监视跟踪目标,并且能对目标进行定位,查清楚使用手机人的方位以及所讲述的语言,从中获得有价值的情报。无线信道的开放性使收发双方交换的敏感信息被第三者感知的可能性大大增加。尤其在关系国家秘密的特殊部门,手机这个隐蔽窃听器,已成为不容忽视的一大泄密隐患。

二、不成熟的技术

手机在不用的情况下(即待机状态下)也能泄密。我国目前市场上的移动电话芯片基本上都是西方国家开发制造的,因此存在根本的安全隐患。一些手机具有隐蔽通话功能,可以在不振铃、也没有任何显示的情况下由待机状态转变为通话状态,从而将周围

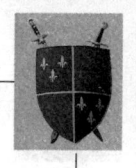

的声音发射出去。情报专家直言,只要将手机放在身边,你就无保密可言。鉴于这种情况,西方国家情报部门、军方和重要政府部门,都严格禁止在办公场所使用移动电话,即使是关闭的手机也不准带入。

三、手机间谍软件

手机间谍软件的出现,意味着随着手机的普及,针对它们的恶意软件也会越来越多。随着智能手机越来越像电脑,用户可以自由安装软件,也带来隐藏的危机,由此造成的危害也就更大。也许有一天,我们也会给自己的手机装上层层防火墙,或者走另一个极端,使用仅有最简单功能的手机。

第五节 窃听领域的新突破

据外刊报道,当今世界上各种各样的电子窃听器材已有成千上万种之多,令人目不暇接。而且,其体积越来越小巧,外观越来越精致,性能越来越优异,可以安装在随身携带的打火机、眼镜、手表和手杖里,有的甚至可以埋设在人体的某个部位,让人防不胜防。目前,窃听技术正向多功能、系统化及更隐蔽、效益更高的方向加速发展,电子监听系统、海底电缆监听系统、数据窃听系统等

日臻完善,传统窃听概念已被赋予全新的内涵。当前,一些新的窃听技术在情报收集领域里发挥着越来越重要的作用。

激光技术

激光是一种受激放大并高度集中的特殊光,它是20世纪60年代出现的重大科学成就之一。激光具有亮度高、方向性强、单色性好和优异的相干性等特点,使得其发展前景非常广阔,特别是在军事上有着不可估量的应用价值。目前,激光技术已经渗透到侦察、通信、武器制导和定向能武器等各个军事领域。

激光窃听器

在激光的应用领域里,除了激光测距、激光武器、激光侦察、激光通信和激光制导等,激光还有另一大用途就是激光窃听。激光可以探测到物体表面极微弱的振动,窃听技术专家正是利用激光的这一特点,研制成功了激光窃听系统。这种系统是利用激光发生器产生一束极细的激光,持续发射到被窃听房间的玻璃上(或者墙上,但是有效作用距离将变小),当被窃听的房间内有人讲话的时候,玻璃受到室内声波的干扰而发生轻微振动,返回的激光束自然也会随着这种振动发生变化。在室外的窃听人员用专门的激光接收器对返回激光进行接收,通过技术处理就可以还原室内的声音信号,其作用距离可达300～500米。激光窃听系统主要包括激光发射器、激光接收器和一个微带录音机,除此之外还包括三脚架、大容量磁带、耳机以及包装箱等附属装置。激光发生器向着目

标窗口持续发射激光;受到玻璃微小振动的影响,反射激光束由接收器接收,被调制、滤波放大并转化成电信号;转换好的电信号被微带录音机立刻录下来,并可通过耳机实时收听到。

辐射技术

载波电话利用载波技术进行通信,在通信中为了能使一对线路实现多路同时通话,它在发信端将各个用户的信号分别调制到了不同的频率上,在收信端再将其区分开,调制后分别送到相应的用户那里。为了能容纳多路信号,载波电话传送的信号频率很高,在传输过程中不可避免地会辐射到线路周围的空间中。用大型线圈把这些辐射电波接收过来,经过解调,便可以窃听到载波电话的内容。这种窃听方式叫辐射窃听。例如驻某国大使馆经常有一辆挂着某大使馆牌号的小轿车每天准时开出,并停在一条公路上修理,2小时后又准时驶回大使馆。这种异常行为引起了所驻国反特机关的注意。特工人员设计了一次车祸,装扮成交警对小轿车进行检查,结果发现,小轿车的顶篷材料是喷了漆的玻璃板,里面有大型线圈和电子线路。原来,这是一种窃听装置,这就是利用辐射窃听技术对那条公路旁架设的载波电话进行窃听的。

纳米技术

目前一些军事强国正在竞相研制纳米微型武器。据悉,现在已有超微型信息系统和攻击系统悄然走出实验室,有的已准备投入战场,这些"间谍"极其微小,很难被发现,它们装备有敏感的微型摄像机、窃听器和感应器等,可以大面积散布,通过网络感知外

界各种信息；它们能够深入虎穴,将微型智能侦察系统植入昆虫体内,并进行操纵用以收集情报,甚至引导己方导弹实施攻击；"麻雀卫星"大量布撒在不同的轨道上组网,可连续监视地球上的任何角落,即使少数小卫星失灵,卫星网也不会受到影响。

有窃听技术,就有反窃听手段。针对不同的窃听手段,也有针锋相对的反窃听技术。有矛就有盾。概括起来,反窃听必须做到：不该说的机密绝对不说；使用口令、代号、隐语、密码、密机、语言保密器等进行保密；用带有假情报的对话、声音、电文、信号来掩盖通信的真实意图；破获窃听器,识破窃听的技术手段。

纵观历史发展,科技新发明、新产品往往最先在军事和谍报领域大显身手。随着科技的飞速发展,间谍与反间谍之间的较量手段也将会会层出不穷。总之,只要有利益和战争,间谍与反间谍的斗争就永远没有停止的那一天。